IR
戦略
の実務

Practice of
Investor Relations
Strategy

高辻成彦
Takatsuji Naruhiko

日本能率協会マネジメントセンター

まえがき
──IRは総合的な専門知識が必要な分野

1）本書は筆者の4作品目のビジネス本

　本書は、筆者にとって4作目のビジネス本である。これまでの3作品は、筆者がビジネススクール在学中に学ぼうとしても端的な本がなかったことから、筆者自身がまとめることとした経緯がある。つまり、ビジネススクール在学中に知りたかった内容について、実務経験を踏まえて執筆した。

　今回は、3作品を踏まえた上での応用分野となっているため、繋がりのある執筆となってはいる。しかし、筆者自身は、ビジネススクール在学中には詳しくは知らず、筆者自身が実務で経験してから初めて、執筆の必要性について、痛感した分野である。理由としては、実務を経験した際にいくら調べても、教育科目として確立してはいない、と知ったからである。

　例えば、ビジネススクールで学ぶMBAに関する科目と言えば、経営戦略、組織・人材、マーケティング、アカウンティング、コーポレート・ファイナンスなどの基本科目がある。しかし、IR（インベスター・リレーションズ、Investor Relations）は、この基本科目の中には入っていない。日本のビジネススクールでは、教えるだけの教育科目として普及してはいないのである。

2）IRは総合的な専門知識が必要な分野

　IR（インベスター・リレーションズ、Investor Relations）は、一言には、投資家向け広報のことである。IR部門は、上場企業では必要とされる部門である。しかし、社内的には、それほど仕事内容は知られていないほか、会社としての業務ノウハウがなかなか溜まりにくい分野である。理由としては、

　　（1）IRは総合的な専門知識が必要な分野であること
　　（2）IRで得た知見を活用できるポストが事業会社では少ないこと
　　（3）IRのノウハウがIR担当者個人に依存しやすいこと

などが考えられる。IRは、経営戦略、マーケティング、財務分析、ファイナンス、法務、語学など、多岐にわたる専門知識が求められる。このような事情から、IR担当者は、一度IR担当になると、長期にわたってIR担当部署に在籍し続けることが多い。会社としてIR担当のノウハウを他の人材に伝えていくには、時間がかかるためである。筆者の知人では、10年以上異動していないIR担当者がいる状況である。

3）筆者は段階的に知識を得ることをお勧めしたい

IRは総合的な専門知識が必要であるが、幸いにも、筆者がこれまで執筆したビジネス書を段階的に読んで頂ければ、初心者の方でも、理解は進むと考えている。具体的には、以下の流れである。

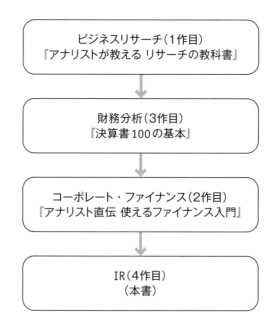

1作目とは、『アナリストが教える リサーチの教科書　自分でできる情報収集・分析の基本』（ダイヤモンド社、2017年5月）のことである。調べ方の基礎であるので、基礎中の基礎について扱っている。

3作目とは、『決算書100の基本』（東洋経済新報社、2019年8月）である。財務分析の基礎について扱っているが、IRについても少し触れている。

　2作目とは、『アナリスト直伝　使えるファイナンス入門』（日本経済新聞出版社、2018年9月）で、コーポレート・ファイナンスの基礎について扱っている。2作目でも、IRの基礎について、少し触れている。

　なぜ、3作品を紹介したかというと、IRは、財務分析やコーポレート・ファイナンスをある程度理解した上で取り組まないと、理解しにくい分野であるからである。コーポレート・ファイナンスは、必ずしもその全てを知っておく必要はないものの、財務分析についてはある程度理解していないと、IRの世界では戸惑うことが予想される。

　本書の内容は、財務分析そのものには触れていないが、やはり財務分析の知識が全くない場合は、戸惑う可能性がある。例えば、減価償却費や設備投資などの会計用語が説明なく出てくるためである。つまり、最低限の会計知識を有していることが前提になっている。従って、会計知識に不安を感じる場合には、3作目の財務分析の本を先にご一読されることをお勧めしたい。

4）本書はIR実務の基礎を網羅した教科書である

　本書は、IR実務の基礎を網羅した教科書である。IRの分野の教科書を作る上で難しいところは、以下の点である。

> （1）IR担当者のみの実務経験だと、
> 　　1企業の経験に依拠してしまいがちであること
> 　　→身に付けたスキルを一般化しにくい
> （2）アナリストのみの実務経験だと、
> 　　事業会社の社内のやり取りが分からないこと
> 　　→IR取材しか分からない
> （3）IR支援会社のみの実務経験だと、
> 　　事業会社の社内のやり取りが分からないこと
> 　　→IRの成果物しか分からない

筆者は、広報・IR担当の経験のある株式アナリストである。上記の3つのうち、2つを経験しているわけだが、取材される側と取材する側の双方を経験している人材は、日本ではそう多くはない。そのため、特定の視点にとらわれずに一般化することが可能だと筆者は考えている。

5）IRスキルが一個人に依存する現状を打開する一助に

　本書を書こうと思ったきっかけは、IRがあまりにも一個人のスキルに依存している現状があることと、IRでは定番となる実務の教科書がなかったためである。

　あるIR担当者が辞めた途端、会社そのもののIRスキルが低下してしまう現状がある。また、IR分野においては、定番となる実務の教科書は、ありそうでなかなか存在しない。

　筆者自身、PRSJ（日本パブリックリレーションズ協会）認定PRプランナーや、日本IRプランナーズ協会検定会員S級（CIRP-S）といった、IR分野の専門資格を有している。PRプランナーでは、3次試験まで受験したし、IRプランナーでは2次試験まで受験してそれぞれの資格を取得した。しかし、この2つの資格で学んだ内容をもって、IR実務で通用するとは、必ずしも言えないと感じている。

　本書は、事業会社でIR担当者になった人や、経営企画に携わる人、経営者としてIR対応をする人などをターゲットに、IR実務の基礎を理解できるような内容に組み立てている。実務の流れを理解しやすいように、第7章では、IRのケースも交えている。ビジネススクールでは、様々なケースが開発されているが、IR分野ではケースメソッドが未だ確立されていないため、本書がおそらく日本のIR分野では初めての試みと言えるだろう。

　なお、本書に書かれている内容は、公開情報をベースにしたもので、著者個人の見解である。所属会社とは一切、無関係であることをご了承頂きたい。また、一部の理論・説明については、見解の相違があり得ることをお断りしたい。

目　次

第2章　IRの主な業務

第3章 IRに必要な開示情報

第4章 投資家・アナリストの考え方を理解する

第5章 制度開示を理解する

第6章 関連領域との繋がりを理解する

第7章 ケースで学ぶIRの主な流れ

第8章 固定ファン獲得のための IRの取り組みとは

第1章

IRとは

第1節 IRは業績や株価に対する期待値の適正コントロール活動

1）IRは業績や株価に対する期待値の適正コントロール活動

IR（インベスター・リレーションズ、Investor Relations）とは、「企業の業績や株価に対する期待値の適正コントロール活動のこと」である。これは、筆者による定義である。

IRの世界でよく見かける定義としては、全米IR協会（NIRI）の「企業の証券が公正な価値評価を受けることを最終目標とするものであり、企業と金融コミュニティやその他のステークホルダーとの間に最も効果的な双方的コミュニケーションを実現するため、財務活動やコミュニケーション、マーケティング、そして証券関係法の下でのコンプライアンス活動を統合した、戦略的な経営責務である」といったものがある。

しかしながら、実務上は、「企業の業績や株価に対する期待値の適正コントロール活動のこと」が活動内容の観点から最もしっくりとくるため、本書ではこのように定義する。

2）IRは投資家向け広報

活動対象の観点では、IRとは、「投資家向け広報のこと」である。

上場企業の多くはIRの担当部署を設け、IR担当者を置くことで、アナリストや投資家への取材対応を行っている。

3）IRは自社株のマーケティング

　提供物の観点からは、「IR＝自社株のマーケティング」と言える。株式市場に自社株を提供しているからである。しかしながら、自社にとっては都合の悪い情報であっても、投資家の投資判断に重大な影響を及ぼす場合には、早めに外部に情報開示することが求められるため、単に自社株を投資家に売り込めばいいわけではない。この点に注意が必要である。

　IR担当部署は、財務分析やファイナンス理論への理解が求められる。なぜならば、取材するアナリストや機関投資家、個人投資家は、財務分析やファイナンス理論を駆使して、企業業績がどれくらいになるか、適正の株価がいくらか、を常に判断しているからである。

図表1-1-1　IRの定義

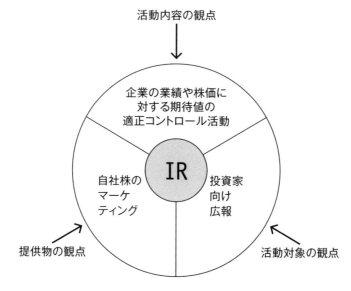

図表 1-1-2　IR活動のイメージ

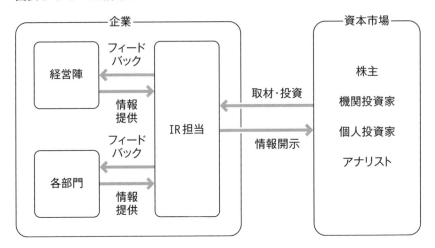

　自社にとって、都合のいい情報ばかり提供しても、業績がついてこなければ、決算発表時に業績がついてこないことが明らかになり、株価は急落することになる。

　例えば、自社の直近の決算で好業績が出た場合、その次の決算への期待感が膨らみ、株価に過熱感が出ているとする。株価が上がることは企業側にとっては望ましいことではあるものの、上がり過ぎの反動でその後、急速に下落する事態が生じることは好ましくない。

　また、自社にとって、事実と異なるネガティブな報道が出た場合、報道情報をそのまま放置して、株価が過度に下落してしまうことは、企業側にとっては好ましくない事態と言える。そこで、IR活動を通じてアナリストや投資家などと適切なコミュニケーションを取ることで、株価の乱高下を防ぐ、というわけである。

第2節　IRと関連分野との違い

　第2節では、IRと関連分野との違いについて取り上げる。情報開示には、主に4つの区分がある。4つとは、法定開示、適時開示、IR（インベスター・リレーションズ、Investor Relations）、PR（パブリック・リレーションズ、Public Relations）である。

図表1-2-1　情報開示の区分と定義

法定開示	金融商品取引法と会社法により義務付けられている情報開示
適時開示	証券取引所が義務付けている情報開示
IR	任意で開示する投資判断に有用な企業情報
PR	任意で開示する各ステークホルダーに有用な企業情報

図表1-2-2　IRと他の概念との違い

1）法定開示

　法定開示とは、「金融商品取引法と会社法により義務付けられている情報開示」である。金融商品取引法では、企業の事業内容や財務状況を記載した有価証券報告書や四半期報告書などを内閣総理大臣に提出することが求められている。会社法では、株主を対象にした株主総会の招集通知などが規定されている。

　法定開示は、EDINET（エディネット、Electronic Disclosure for Investors' NETwork）を通じて行う。EDINETは、金融庁の所管で、金融商品取引法に基づく有価証券報告書などの開示書類に関する電子開示システムである。開示例は、有価証券報告書、四半期報告書、有価証券届出書、内部統制報告書、臨時報告書、意見表明報告書、招集通知などである。実務上は、EDINETへの掲載のほか、主たる事業所の所在地の財務省地方財務局（関東財務局、近畿財務局など）が書類の提出先となる。

2）適時開示

　適時開示とは、「証券取引所が義務付けている情報開示」で、決算短信や業績予想の修正リリースなどが開示例である。

　適時開示は、TDnet（ティー・ディー・ネット、Timely Disclosure network）を通じて行う。TDnetは、東京証券取引所が運営する適時開示情報伝達システムである。開示例は、決算短信、適時開示資料（業績予想の修正など）、コーポレート・ガバナンス報告書などである。実務上では、TDnetへの掲載に加え、証券取引所（東京証券取引所に上場する企業の場合、東京証券取引所）の記者クラブへ公表資料の投函を行い、内容によっては、証券取引所内で記者会見を行っている。

3）IR（インベスター・リレーションズ、Investor Relations）

　IRは、「任意で開示する投資判断に有用な企業情報」である。開示例としては、決算説明会資料やアニュアルレポート、統合報告書、株主通信などがある。これらは任意開示のものであり、法律や金融商品取引所で義務付けられたものではない。原則、コーポレートサイトへ掲載される。掲載の可否の判断は、上場企業側に委ねられている。

なお、IRは、株主向けか、債権者向けかに分かれる。株主（株式市場）向けのIRは、エクイティIRと呼ばれる。債権者（債券市場）向けのIRは、デッドIRと呼ばれる。

4）PR（パブリック・リレーションズ、Public Relations）

PRは、「任意で開示する各ステークホルダーに有用な企業情報」で、いわゆる広報のことである。2012年にアメリカPR協会（PRSA：Public Relations Society of America）が発表したPRの定義は、「組織と組織をとりまくパブリックの間の、相互に利益のある関係を築く戦略的コミュニケーションのプロセス」としている。厳密には、広報は一方向性の情報発信、PRは双方向のコミュニケーション、といった違いがある。

実務上のIR活動においては、法定開示と適時開示を含めて対応しているほか、IRとPRも内容の重複がある。また、IRと密接に関わるが、株主への対応の場合には、SR（シェアホルダー・リレーションズ、Shareholder Relations）と呼ぶ。IRが一般的な市場参加者全てを対象としているのに対し、SRは実質株主に対象を限定している点で異なる。

図表1-2-3　情報開示の区分別の開示例

法定開示	有価証券報告書、四半期報告書、有価証券届出書、内部統制報告書、臨時報告書、意見表明報告書、招集通知など
適時開示	決算短信、適時開示資料（業績予想の修正など）、コーポレート・ガバナンス報告書、株式等の大規模買付行為に関する対応策など
IR	決算説明会資料、アニュアルレポート、統合報告書、株主通信など
PR	新製品・新サービスリリースなど

IRに関する ステークホルダー

IRに関するステークホルダーは、主に、1)アナリスト、2)機関投資家、3)証券会社の営業部門、4)個人投資家、5)格付会社、6)債権者、7)経済記者、8)議決権行使助言会社、9)IR支援会社、10)官公庁の調査統計部門、11)監督機関がある。それぞれについて、取り上げる。

1) アナリスト

アナリストとは、証券アナリストのことで、主に株式アナリストである。アナリストは、セルサイド・アナリストと、バイサイド・アナリストの2種類に大別される。セルサイド・アナリストとは、証券会社で働くアナリストである。バイサイド・アナリストとは、運用会社で働くアナリストである。

セルサイド・アナリストは、原則として自動車、小売、情報通信、中小型株などの担当セクター（業種）があり、担当セクターの上場企業を取材してアナリスト・レポートを発行する。レポートの内容は、レポートが主に投資家へと配信されることから、証券市場全体へ影響を与えることとなる。セルサイド・アナリストが所属する部門を調査部門と呼ぶが、証券会社によっては、調査部門を別会社（○○研究所、△△調査センターなど）にしている場合がある。また、担当セクター制を設けていない場合もある。

一方、バイサイド・アナリストは、運用会社の中で活用されるアナリスト・レポートを発行する。運用会社内では影響を与えることとなるが、レポートの発行内容が証券市場全体へ影響を与えることはない。

このため、双方とも対応には注意を要するが、セルサイド・アナリストの場合、誤った情報が伝わった場合、証券市場全体に誤った情報が伝わってしまうリスクがある点に注意を要する。

このほか、独立系調査会社のアナリストもいる。独立系調査会社とは、証

券会社に所属せず、中立的な立場からアナリスト・レポートを発行する会社である。調査部門のない証券会社向けに発行したりしているため、IR担当者にとっては、セルサイド・アナリストと同様の立ち位置である。

2）機関投資家

　機関投資家とは、顧客から拠出された資金を運用・管理する法人投資家の総称である。投資顧問会社、生命保険会社、損害保険会社、信託銀行、投資信託会社、年金基金などが主なものである。ここでは単純化して運用会社とする。運用会社には、ファンドマネージャーがおり、日々、ファンドの資金運用を行っている。ファンドマネージャーとは、運用会社に所属し、金融資産を運用する専門家である。

　生命保険会社や損害保険会社の場合、加入者の保険料収入が、主な運用資金の元手である。投資信託会社の場合、投資信託の購入者の提供した資金が元手である。機関投資家は大量の資金をまとめて運用するため、証券市場に与える影響も大きい。

　機関投資家は、個人投資家に比べ、長期間の運用を行うが、ヘッジファンドは、短期的な投資行動を取る傾向がある。ヘッジファンドとは、少数の限られた投資家から大口の資金を集めて、高い運用成績を目指す投資家のことである。

　機関投資家は、国内機関投資家と、海外機関投資家に大別される。国内機関投資家は、国内資本の機関投資家である。海外機関投資家は、海外資本の機関投資家である。

3）証券会社の営業部門

　証券会社の営業部門は、機関投資家と事業会社とを繋ぐ窓口の役割を担っている。例えば、機関投資家の取材ミーティングのアレンジなどを扱う。セルサイド・アナリストが営業部門と一緒に工場見学会などの機関投資家向けイベントを企画することがあるものの、基本的にセルサイド・アナリストと証券会社の営業部門は、別々の独立した存在であることを認識しておく必要がある。

4）個人投資家

　個人投資家は、個人で資産運用を行う投資家である。資産運用を生業とする機関投資家に比べ、原則として、専業として資産運用を行っているわけではないため、企業情報の情報量が少ない。しかし、株式・債券などの日計り取引であるデイ・トレードを行う人をデイ・トレーダーと呼ぶが、専業として資産運用を行っている個人もいる。

5）格付会社

　格付会社は、企業の経営状況を格付けする会社である。ムーディーズ（Moody's Corporation、アメリカ）、S&P グローバル（Standard & Poor's Global、アメリカ）、日本格付研究所、格付投資情報センターなどがある。格付会社の格付情報は、セルサイド・アナリストによるアナリスト・レポートが株式市場に影響を与えるのと同様に、債券市場に影響を及ぼすため、IR取材対応には注意が必要である。

6）債権者

　債権者は、社債を発行した際の買い手や銀行である。株主対応と基本的には同様であるが、株主と異なり、資金がきちんと回収できるかに重きを置いている点に注意が必要である。

7）経済記者

　経済記者は、日本経済新聞社の日本経済新聞などの経済新聞や、日刊工業新聞社の日刊工業新聞などの業界新聞、東洋経済新報社の週刊東洋経済などの経済誌を扱う記者のことである。アナリストとは取材として聞きたい項目が異なり、「経済記事としての付加価値があるかどうか」が取材対象のポイントになってくるため、注意が必要である。

8）議決権行使助言会社

　議決権行使助言会社とは、投資家が保有している銘柄の議決権行使に関し

て様々な助言を行う会社のことである。ISS（インスティテューショナル・シェアホルダー・サービシーズ、アメリカ）とグラスルイス（アメリカ）が代表的な会社である。投資家の議決権行使について、事業会社ごとに賛成か反対かを推奨する助言意見のレポートを発行している。

アナリスト、格付会社、経済記者は、原則として事業会社への取材活動を踏まえてレポートや記事を発行する。一方、議決権行使助言会社の場合、取材活動ではなく、外部の公開情報を踏まえてレポートを発行する。従って、形式要件のみで賛成・反対を判断されてしまうリスクがある。

9）IR支援会社

IR支援会社は、上場企業のIR担当部署向けに支援サービスを提供する会社である。例えば、(1)機関投資家向けの国内外の訪問取材対応のアレンジ、(2)統合報告書やアニュアルレポート、株主通信などの作成、(3)株主判明調査の実施、(4)コーポレートサイトの管理運営、などを行う。会社によって得意分野が異なる場合がある。

10）官公庁の調査統計部門

会社が業界の主要プレイヤーである場合には、経済産業省や日本銀行の調査統計部門などが、景気動向調査の定点観測として継続取材する場合がある。調査側の質問内容としては、直近の動向になるため、基本的にはアナリストの取材対応と同様である。

11）監督機関

監督機関としては、金融庁、証券取引等監視委員会、証券取引所などがある。金融庁は、証券市場に関連した法律を扱う。証券取引等監視委員会は、金融庁の審議会であり、証券取引に関する犯則事件に関する調査や勧告などを行う。証券取引所（東京証券取引所など）は、上場企業の適時開示制度などを扱う。

決算情報については、決算短信は証券取引所に提出するが、有価証券報告書や四半期報告書は、財務省の各地方財務局に提出する。

第4節 IRの担当部署

　IRの担当部署がどこに所属しているかは、会社によって異なる。1)経営陣、2)経営企画部門、3)経理財務部門、4)総務部門、5)専属部署、のケースがある。

1）経営陣

　経営陣、すなわち取締役が自らIR取材対応を行うケースである。管理部門の人員が比較的少ない会社に見受けられる。この場合、アナリストや機関投資家の取材対応は、取締役が自ら行うこととなる。窓口となる部署はあるものの、取締役とのIR取材を取り次ぐのみである。会社によっては、社長自らが行っているケースもある。経営陣が自ら行っているため、メリットとしては、直近の経営戦略に応じた外部情報発信が可能である。また、取材する側は、IRに関する要望があった際には直接、経営陣に伝えることが可能である。ディメリットとしては、IR取材の対応者が経営陣に限られるため、IR取材の依頼件数が増えた場合、対応しきれなくなるリスクがある。

2）経営企画部門

　経営企画部門がIR取材対応を行うケースである。この場合、社内計画の策定の担当者とIR担当者が同じであることが多い。メリットとしては、経営企画担当者として、社内から情報収集し、より直近の動向を外部に伝えることが可能である。また、取材する側からIRに関する要望があった際には、社内の取り組みを変える権限を有していることが多いため、外部の意向への柔軟な対応が比較的可能である。ディメリットとしては、社内計画の策定・更新時期や、M&Aの案件対応が生じた際などには、IR取材対応に時間を割くことが難しくなるリスクがある。

3）経理財務部門

　経理財務部門がIR取材対応を行うケースである。この場合も、社内計画の策定の担当者とIR担当者が同じであることが多い。メリットとしては、経理財務担当者として、社内から情報収集し、より直近の動向を外部に伝えることが可能である。特に数値面では、決算業務に携わっている分、詳細に説明することが可能な立場である。また、取材する側からIRに関する要望があった際には、自ら求められている数値を作成し準備することが可能な立場である。ディメリットとしては、社内計画の策定・更新時期などには、IR取材対応に時間を割くことが難しくなるリスクがある。

4）総務部門

　総務部門がIR取材対応を行うケースである。この場合、社内計画の策定に携わっていないことが多い。メリットとしては、社内計画の策定作業に縛られることなく、情報開示の準備に取り組めることである。ディメリットとしては、社内計画の策定に携わっていない分、直近の社内の動向がつかみにくいというリスクがある。また、人事部門を兼務している場合には、外部人材の採用活動とIR取材対応とが時期的に重なってしまい、IR取材対応に時間を割くことが難しくなるリスクがある。また、経営陣、経営企画部門、経理財務部門に比べ、社内に外部の要望をフィードバックしても、権限がない分、意向反映がされにくいリスクがある。

5）専属部署

　専属部署がIR取材対応を行うケースである。IR部、コーポレートコミュニケーション部などの名称であることが多い。この場合、広報・IR関連の専属部署を設けるほど社内でIRへの理解があることから、IRに関する取り組みは、他業務と兼務している会社に比べると、進んでいる段階にあると言える。メリットとしては、IRに関する取り組みに集中できる点である。ディメリットとしては、社内計画の策定に携わっていない場合がある分、直近の社内の動向がつかみにくいというリスクがある。

第5節 IRに必要な基礎知識

　IRに携わるにあたっては、幅広い基礎知識が求められる。基礎知識としては、1)自社の歴史、2)経営者のパーソナリティ、3)自社の製品・サービス・ビジネスモデル、4)経営分析、5)財務分析、6)コーポレート・ファイナンス、7)情報開示に関する制度、8)PR、9)語学力、10)ウェブ管理力、などである。

1）自社の歴史

　第一に、自社の歴史である。どういった経緯で会社が設立されたか、どのように事業展開を強化していったのか、といった歴史的経緯は、外部からは理解されにくい。とりわけ最初のIR取材の際には、自社の歴史的経緯の説明を求められることが多いため、自社の歴史を把握しておく必要がある。

2）経営者のパーソナリティ

　第二に、経営者のパーソナリティである。どういった部署を経験して社長になったのか、どのような経営方針で取り組んでいるのか、など、IR担当者は社長の考え方を代弁する立場にあるため、経営者のパーソナリティを把握しておく必要がある。

3）自社の製品・サービス・ビジネスモデル

　第三に、自社の製品・サービス・ビジネスモデルである。自社の製品・サービスがどれくらいの市場シェアを有しているのか、どんな強みがあるのか、どんな弱みがあるのか、どんな規制の影響を受けるのか、どんなビジネスモデルなのか、などを把握しておく必要がある。

4）経営分析

第四に、経営分析である。SWOT分析、5F分析、3C分析など、基本的な経営分析の知識は、取材する側が経営分析を駆使して質問してくるため、理解しておく必要がある。

5）財務分析

第五に、財務分析である。営業利益率、売上原価率、販管費率など、基本的な財務分析の知識は、取材する側は財務分析を駆使して質問してくるため、自社の決算を分析できるだけの財務分析の知識は有しておく必要がある。

6）コーポレート・ファイナンス

第六に、コーポレート・ファイナンスである。PER、PBR、DCF法など、基本的なコーポレート・ファイナンスの知識は、取材する側がコーポレート・ファイナンスの知識を駆使して質問してくるため、理解しておく必要がある。

7）情報開示に関する制度

第七に、情報開示に関する制度である。IRを実施するにあたっては、会社法や金融商品取引法、証券取引所の適時開示制度などを理解しておく必要がある。

8）PR

第八に、PR（パブリック・リレーションズ、Public Relations）である。PRは、「任意で開示する各ステークホルダーに有用な企業情報」である。IRは投資家向け広報であるが、PRの一部に位置付けられるため、全体像を理解しておく必要がある。

9）語学力

第九に、語学力である。機関投資家は国内に限らず、海外にも多く存在する。海外機関投資家の多くは、英語を活用する。証券会社等がアレンジするIR取材の場合、通訳が付いているケースが多いが、直接、コミュニケーショ

ンが取れた方がIR取材の時間を短縮できることから、語学力を有している方が望ましい。

10) ウェブ管理力

　第十に、ウェブ管理力である。IRは、情報開示にあたり、コーポレートサイトを設けて運営している。コーポレートサイトの管理は、IR担当が行っているケースが多い。このため、アクセス数などのウェブ分析に関する知識を理解しておく必要がある。

第6節　IRに必要な人的ネットワーク

　IRに携わるにあたっては、人的ネットワークが求められる。人的ネットワークとしては、1)事業部門、管理部門、経営陣とのネットワーク、2)アナリスト、機関投資家とのネットワーク、3)経済メディアとのネットワーク、4)IR担当者同士のネットワーク、5)IR支援会社とのネットワーク、が挙げられる。

1）事業部門、管理部門、経営陣とのネットワーク

　第一に、事業部門、管理部門、経営陣とのネットワークである。外部に情報開示するにあたっては、事業部門に対して決算発表前にヒアリングを行い、対外説明できるだけの準備をしておく必要がある。日頃から円滑なコミュニケーションの取れる関係を有していることが、対外説明を進める上で重要である。また、管理部門は、経理財務担当は決算の数値情報を作成する担当者であり、経営企画担当は社内計画の策定の担当者であることが多い。IR担当部署がこれらと異なる部署である場合には、事業部門と同様に円滑なコミュニケーションを取れる関係を有していることが重要である。また、経営陣は、経営を司る立場であり、IRに関する理解を有していることが重要である。IR取材の対応をする経営陣だけでなく、各部門を司る経営陣とも円滑なコミュニケーションが取れる関係を有していることが重要である。

2）アナリスト、機関投資家とのネットワーク

　第二に、アナリスト、機関投資家とのネットワークである。IRする側としては、多くのアナリストにアナリスト・レポートが書かれることで、証券市場での信用力を上げたいところである。また、多くの機関投資家に株主になることで、時価総額を上げたいところである。これらは自然と増えるもので

はなく、IRする側の努力があってこそ実現するものである。

3）経済メディアとのネットワーク

　第三に、経済メディアとのネットワークである。メディア対応は、PRの役割であるが、B to B企業では、IR担当が兼務していることが多い。経済メディアに取り上げられる機会が増えれば、企業の認知度向上につながり、投資家の目に触れる機会が増えることから、IRする側にとってもメリットがある。

4）IR担当者同士のネットワーク

　第四に、IR担当者同士のネットワークである。会社の本業での製品やサービスでは競合関係にあっても、IRの世界では無関係である。日本では、日本IR協議会というIRの業界団体があり、IRに関する研修や表彰制度を実施している。IRに関する制度改正があった場合には、IR担当者同士のネットワークが構築できていれば、情報交換することが可能である。また、決算説明会の開催日時が重なっている場合には、調整して日時をずらしたり、合同の施設見学会を実施する、などの協業も可能になったりする。

5）IR支援会社とのネットワーク

　第五に、IR支援会社とのネットワークである。IR担当部署のみで全てのIRに関連した作業を担うことは、現在では難しくなっている。一方、IR支援会社は、統合報告書やアニュアルレポート、株主通信などの作成や、株主判明調査の実施、コーポレートサイトの管理運営など、会社によって得意分野が異なっている。これらの得意分野を把握し、作業を依頼するには、IR支援会社とのネットワークを日頃から構築しておくことが必要である。

第7節 IRの関連資格・関連団体・表彰制度

IRには、関連資格や関連団体、表彰制度が存在する。

1）IR関連資格

IR関連資格は、IRプランナー、PRプランナー、証券アナリストがある。

（1）IRプランナー（Certified IR Planner、CIRP）

IRプランナーは、特定非営利活動法人日本IRプランナーズ協会が実施する資格制度であり、IR業務そのものに関する国内唯一の資格である。資格は、日本IRプランナーズ協会検定会員（CIRP）と、日本IRプランナーズ協会検定会員S級（CIRP-S）の2段階あり、日本IRプランナーズ協会検定会員S級（CIRP-S）は上級資格である。

日本IRプランナーズ協会検定会員（CIRP）は、IR実務未経験者を想定した基礎資格である。試験科目としては、資本市場、企業分析、情報開示とIR活動、総合問題（レポート）の4科目がある。

日本IRプランナーズ協会検定会員S級（CIRP-S）は、IR実務経験者（実務歴1年以上）を想定した上級資格である。試験科目としては、買収リスクと敵対的買収防衛、企業分析と銘柄選択、企業価値と株式価値の算定、資本市場の国際化と企業ディスクロージャー、情報開示制度とインサイダー取引規制、コンプライアンス、コーポレートガバナンスの7科目があり、科目合格制を取っている。

それぞれの資格は、（株）アイ・アール ジャパンが実施するIRプランナーの認定講座を受講し、検定試験に合格することで取得することができる。

（2）PRプランナー（PR Planner）

PRプランナーは、公益社団法人日本パブリックリレーションズ協会が実施する資格制度であり、PR業務そのものに関する国内唯一の資格である。資格試験は、1次試験から3次試験まである。

1次試験では、広報・PRに関する基本的な知識がマークシート方式で出題される。試験に合格すると、PRプランナー補の資格を取得することができる。

2次試験は、企業経営と広報・PRに関する知識、マーケティングと広報・PRに関する知識、コミュニケーションと広報・PRに関する実務知識、時事問題、の4科目がマークシート方式で出題される。試験に合格すると、准PRプランナーの資格を取得することができる。

3次試験は、ニュースリリースの作成、広報・PR計画の立案作成、の2科目がパソコンによる記述方式で出題される。広報・PR計画の立案作成は、コーポレート課題もしくはマーケティング課題から選択する。3次試験受験には、2次試験合格の上に、3年以上の広報・PR関連実務経験が必要である。試験に合格すると、PRプランナーの資格を取得することができる。

（3）証券アナリスト（CMA）

証券アナリスト（Certified Member Analyst of the Securities Analysts Association of Japan、CMA）は、公益社団法人日本証券アナリスト協会が実施する資格制度である。資格は、1次試験と2次試験がある。

1次試験では、証券分析とポートフォリオ・マネジメント、財務分析、経済の3科目がマークシート方式で出題され、科目合格制を取っている。1次試験に合格し、証券アナリスト職業行為基準講習を修了すると、検定会員補（CCMA）の資格を取得することができる。

2次試験では、証券分析とポートフォリオ・マネジメント、コーポレート・ファイナンスと企業分析、市場と経済の分析、職業倫理・行為基準の4科目が記述方式で出題され、総合判定方式を取っている。2次試験に合格し、3年以上の実務経験を有していれば、証券アナリスト（CMA）の資格を取得することができる。

2）IR関連団体

　IR関連団体には、日本IR協議会と日本IR学会がある。

（1）日本IR協議会

　日本IR協議会は、IRの業界団体であり、IRに関する研修や表彰制度を実施している。1993年に設立された。年に1度、IRに関する表彰を実施したり、IR活動の実態調査を実施したりしている。なお、PR全般では、公益社団法人日本パブリックリレーションズ協会があり、1980年に設立している。

（2）日本インベスター・リレーションズ学会（日本IR学会）

　日本IR学会はIRの学会組織であり、IRに関する学術的な研究の場となっている。2001年に設立された。年に1度、IRに関する年次大会を実施している。なお、PR全般では、日本広報学会があり、1995年に設立している。

3）IR表彰制度

　IR表彰制度には、IR優良企業賞、ディスクロージャー優良企業選定、インターネットIR表彰、日経アニュアルリポートアウォード、インターナショナルARCアワード、WICIジャパン統合報告優良企業賞、企業価値向上表彰、JP X日経インデックス400、などがある。表彰のタイプとしては、IR活動全般、コーポレートサイト、アニュアルレポート、企業価値向上、の4つのタイプに分かれている。

（1）IR優良企業賞

　IR優良企業賞は、日本IR協議会が行う表彰制度である。毎年1回、優れたIR活動を実施している企業を日本IR協議会の会員企業の中から選定し、1996年から実施している。審査委員会はアナリスト、投資家、報道機関などで構成されており、応募企業が申告する「調査票」の結果を踏まえて、「IR優良企業」を決定する。表彰の区分は原則として、IR優良企業賞、IR優良企業特別賞、IR優良企業奨励賞の3つある。

　IRに熱心な「中・小型株企業」には、「IR優良企業奨励賞」を設けている。

2005年からは、長期間にわたり優れたIRを継続している企業や、顕著なIRを実施していた企業を称える「IR優良企業特別賞」を設け、優良企業賞の受賞が3回目となる企業は「IR優良企業大賞」として表彰している。

(2) ディスクロージャー優良企業選定

ディスクロージャー優良企業選定は、公益社団法人日本証券アナリスト協会が行う表彰制度である。公益社団法人日本証券アナリスト協会では、ディスクロージャー研究会を設置し、企業情報の専門ユーザーとしての証券アナリストの立場から、企業のディスクロージャーの質、量、タイミング等の優劣を判断するための客観的な評価基準を策定し、1995年から毎年実施している。業種別、新興市場銘柄、個人投資家向け情報提供、の3つの区分で表彰している。

(3) インターネットIR表彰

インターネットIR表彰は、大和インベスター・リレーションズ（大和IR）、日興アイ・アール（日興IR）、モーニングスター社などがそれぞれIRに関するコーポレートサイトの充実度を評価して行う表彰制度であり、毎年実施している。

大和IRのインターネットIR表彰は、最優秀賞、優秀賞、優良賞の3つの区分で年に1度、表彰している。

日興IRの全上場企業ホームページ充実度ランキングは、総合ランキングで最優秀サイト、優秀サイト、優良サイトの3つの区分、業種別ランキングで最優秀サイト、優秀サイトの2つの区分、新興市場ランキングで最優秀サイト、優秀サイト、優良サイトの3つの区分で年に1度、表彰している。

モーニングスター社のGomez IRサイトランキングは、優秀企業：金賞、優秀企業：銀賞、優秀企業：銅賞の3つの区分で年に1度、表彰している。

(4) 日経アニュアルリポートアウォード

日経アニュアルリポートアウォードは、日本経済新聞社が、優れた日本企業のアニュアルリポート（年次報告書）を表彰する制度である。アニュアルリポ

ートの更なる充実と普及を目的として1998年から実施している。グランプリ、準グランプリ、優秀賞、特別賞の4つの区分で年に1度、表彰している。

（5）インターナショナルARCアワード

　インターナショナルARCアワードは、アメリカの独立評価機関であるMerComm,Inc.が主催している世界最大のアニュアルレポートの表彰制度である。MerComm,Inc.は、会社案内、事業報告書、Webサイトなどの企業のコーポレートコミュニケーションにおいて、独創的で、国際的なレベルでの手法の発展に貢献した企業・団体・個人を表彰する独立評価機関であり、広告主やスポンサーを持たない。

（6）WICIジャパン統合報告優良企業賞

　WICIジャパン統合報告優良企業賞は、WICI（世界知的資本・知的財産推進構想、World Intellectual Capital/Assets Initiative）の日本組織であるWICIジャパンが行う統合報告書の表彰制度である。2013年から実施している。統合報告優秀企業大賞（大賞）、統合報告優秀企業賞（優秀賞）、統合報告奨励賞（奨励賞）の3つの区分で年に1度、表彰している。

（7）企業価値向上表彰

　企業価値向上表彰は、東京証券取引所が行う、企業価値を高めた上場企業を表彰する制度で、2012年から毎年実施している。高い企業価値の向上を実現している上場企業のうち、資本コストをはじめとする投資者の視点を強く意識した経営を実践している上場企業を表彰している。大賞と優秀賞の2つの区分で年に1度、表彰している。

（8）JPX日経インデックス400

　JPX日経インデックス400は、日本取引所グループ、東京証券取引所、日本経済新聞社が共同で算出を行っている株価指数である。表彰制度ではないが、資本の効率的活用や投資者を意識した経営観点など、グローバルな投資基準に求められる諸要件を満たした「投資者にとって投資魅力の高い会社」で構

成される。2014年より算出が開始された。東京証券取引所に上場している企業・3400社の中から、投資家に魅力の高い銘柄400社を選び、財務や経営が優秀な日本の株式市場をけん引する銘柄の動きを指数として発表する。指数は2013年8月の最終営業日・8月30日を起点として、この日を10,000として計算する。以後、取引時間中は1秒ごとに算出している。

第2章

IRの主な業務

第1節 IRの主な業務内容

　第2章では、IRの主な業務内容について取り上げる。IRの主な業務は、1) 決算関連、2) アナリスト・機関投資家とのIR取材対応、3) IRツールの製作、4) プレスリリースの公表、5) 月次データの公表、6) コーポレートサイトの管理、7) 経済メディアとの取材対応、8) 株主総会の実施、9) アナリスト・機関投資家向けのイベント実施、10) 個人投資家向けのイベント実施、などがあり、多岐にわたる。厳密には、会社によってIR担当部署の守備範囲は異なるものの、ここでは上記例に準じて取り上げていく。

1) 決算関連

　第一に、決算関連である。決算関連の業務は、社内ヒアリング、決算短信作成、決算説明用手持ち資料の作成、証券取引所での投函・記者会見及び決算問い合わせ対応、対外用決算説明資料作成、有価証券報告書作成、決算説明会の実施、決算電話会議の実施、などがある。社内ヒアリングと決算短信作成は決算発表前に実施する。

(1) 社内ヒアリング

　第一に、社内ヒアリングである。決算の内容は、IR担当者が勝手にアドリブで話しているわけではなく、決算発表前に社内の各事業部門にヒアリングを実施し、決算内容の分析と、今後の先行きについて、各事業部門の見解を聴取する。ヒアリング時には、単体ベースでの決算は出揃っていても、連結ベースでの決算は経理財務部門で作成中であることが多い。従って、単体ベースでの決算と連結ベースでの決算の内容が異なる場合には、説明が付かない事態が起こり得るため、注意が必要である。異なる結果が起こり得るのは、単体ベースでは増収増益であるのに、連結ベースでは内部消去の関係で増収

増益ではない、という内部消去額に起因したずれのケースである。担当事業部門としては増収増益と認識しているが、対外的には異なる結果であるため、別途、要因を考える必要が生じる。

事業部門が複数にまたがる場合には、それだけ社内ヒアリングの数が多くなる。各事業部門にアポイントを取り、個別にヒアリングを実施する必要があるため、決算が締まった段階で、早めの日時設定を行うことが重要である。

（2）決算短信作成

第二に、決算短信作成である。決算短信の作成は、IR担当部署がどの部署にあるかで、関与の度合いが変わってくる。ここでは、IR担当部署が経営企画部門や経理財務部門とは異なる場合を想定して記述する。決算短信の作成は、主体は経理財務部門である。実績値を早急に確定し、対外公表している次年度の会社計画の修正が必要かどうかを判断する必要がある。

決算短信の作成は、東京証券取引所が作成する「決算短信・四半期決算短信作成要領等」に則って行うこととなるが、IR担当部署が主に関わることになるのは、決算短信のうち、定性的情報である。どんな決算内容だったか、各事業部門へ社内ヒアリングした結果を踏まえて反映することになる。

決算短信の作成作業は、宝印刷やプロネクサスなどのIR支援会社のサービスを活用して行う上場企業が多い。最終的に作成した内容を証券取引所（東京証券取引所に上場している場合には東京証券取引所）の担当者のチェックを受け、取締役会で検討・決議し、対外公表することとなるが、対外公表の媒体は、TDnet（ティー・ディー・ネット、Timely Disclosure network）を通じて行う。

TDnetとは、東京証券取引所が運営する適時開示情報伝達システムである。TDnetにおける開示は、インサイダー取引規制上の「公表」行為とされており、TDnetによる情報開示は、インサイダー取引リスクをなくす効果がある。

公開された資料はPDFファイルで、開示日を含め約1カ月分の情報が適時開示情報閲覧サービスで検索・閲覧可能になっている。外部のステークホルダーは、企業が公開したばかりの情報は、TDnetとコーポレートサイトでチェックすることになる。

なお、会社によって異なるものの、海外機関投資家向けの対応が必要な会

社の場合、日本語版の決算短信作成後に英語版の決算短信を作成する。英語版の決算短信は、社内で翻訳対応できる人材がいれば社内で完結できるが、翻訳会社に外注するケースが多いと思われる。外注に出す場合には、翻訳会社は専門用語の翻訳に苦労することが予想されるため、事前に専門用語の日英対応表を準備して翻訳会社に送っておくことが望ましい。

図表2-1-1　決算短信の主な内容

定性的情報（経営成績、財政状態、将来予想情報）
連結貸借対照表（B/S）
連結損益計算書（P/L）及び連結包括利益計算書
連結キャッシュ・フロー計算書（C/F）
セグメント情報（事業別、所在地別、仕向地別）

※C/Fは会社によっては第1四半期、第3四半期では載せない場合がある

（3）決算説明用手持ち資料の作成

　第三に、決算説明用手持ち資料の作成である。決算説明にあたっては、手持ち資料の作成が必要である。情報開示するデータ以外にも、説明するための手持ちデータで持っておく必要があることや、誰が説明しても説明内容が同じようにする必要があること、などが理由である。理想は決算発表前に完成していることが望ましい。しかしながら、IR人員が足りない会社の場合には、対外用の決算説明資料作成と同時にできあがることもあり得る。より詳細な手持ち資料を作成しておけば、社長やその他経営陣もIR取材対応で質問の答えに窮するリスクが軽減されることから、早期作成の実現が重要である。

（4）証券取引所での投函・記者会見及び決算問い合わせ対応

　第四に、証券取引所での投函・記者会見及び決算問い合わせ対応である。決算短信の作成が終わり、決算説明用手持ち資料の作成が終わった段階で、証券取引所での決算短信の投函や、決算に関する記者会見に臨むことになる。決算短信の投函は毎四半期であるが、記者会見は第2四半期と第4四半期に主に発生する。決算発表後に30分程度時間を取って、証券取引所内で行う。IR担当者が自ら行うのではなく、社長や財務経理部門の責任者が主体となっ

て行う。IR担当者は基本的には、その記者会見の控えとして付いているケースが多い。

　ただし、決算発表後に記者会見を実施している際にも、決算短信は既に対外公表がなされているため、会社の本社にアナリストや機関投資家から問い合わせの電話がかかってくる。このため、証券取引所に行く人員と、本社に残って問い合わせ対応する人員とに決算発表当日は分けて対応する必要がある。IR担当者が一人しかいない場合、この二手に分ける対応が不可能になるため、注意が必要である。

　決算発表直後は、アナリストや機関投資家から問い合わせがかかってこないことがある。これは、同じセクター内の他社の決算発表の対応に追われていたり、他社の決算説明会または決算電話会議に出席していたりすることがあるためである。

　従って、決算発表当日に限っては、問い合わせ対応の時間を長めに確保し、本社に残っている方が無難である。特に、カバーアナリストが一人しかいない会社の場合、そのカバーアナリストから問い合わせがかかってこない、ということは、機関投資家向けに翌営業日の朝に決算情報が伝わらないリスクが生じることから、注意が必要である。

　間違っても、証券取引所に投函して記者会見すれば決算発表日の仕事は終了、と思って直帰してはいけない。むしろ、記者会見が始まりであり、決算発表当日の問い合わせ対応を怠ると、誤った情報がアナリストから投資家に伝えられてしまうリスクが高まるため、避けたいところである。

　また、経営陣としては、決算発表の翌朝には、アナリストや機関投資家の決算内容への反応を知りたいところである。決算発表日に問い合わせ対応をしておかないと、アナリストや機関投資家の反応が分からないまま翌営業日を迎えることになるため、社内上も問題が生じることとなる。

（5）対外用決算説明資料作成

　第五に、対外用決算説明資料作成である。対外用決算説明資料は、決算短信と異なり、任意開示の内容であるため、何かしなければならない、といった類いの規制は存在しない。多くの上場企業は、第2四半期決算と第4四半期決算の年に2度、アナリスト・機関投資家向けの決算説明会を実施しており、この決算説明会の開催に合わせて、対外用決算説明資料を作成する。情報開示の取り組みが進んでいる会社の場合には、決算説明会の開催がない第1四半期、第3四半期においても、対外用決算説明資料を作成し、公表している。

　海外機関投資家の株主が一定数いる場合には、日本語版だけでなく、英語版の作成もすることが望ましい。対外用決算説明資料の英語版の作成にあたっては、決算短信と同様、社内で翻訳対応できる人材がいれば社内で完結できるが、翻訳会社に外注するケースが多いと思われる。外注に出す場合には、翻訳会社は専門用語の翻訳に苦労することが予想されるため、事前に専門用語の日英対応表を準備して翻訳会社に送っておくことが望ましい。

　なお、アナリスト・機関投資家向けの決算説明資料は、株主総会や社員向け決算説明会にも活用できるものであるため、IR担当部署と担当者が異なる場合には、情報共有することが望ましい。

図表2-1-2　対外用決算説明資料の主な内容（第4四半期決算の場合）

前期実績の概要
　前期決算のポイント
　前期損益計算書、貸借対照表、キャッシュ・フロー計算書の概要
　前期セグメント別実績の概要（事業別、仕向地別、所在地別など）
前期実績の営業利益の増減要因分析
今期計画の概要
　今期会社計画のポイント
　今期セグメント別計画の概要（事業別、仕向地別、所在地別など）
今期計画の営業利益の増減要因分析
　設備投資、減価償却費、研究開発費の前期実績と今期計画
　為替の前期実績、今期為替前提、為替感応度
　前期市場規模及び市場成長率、今期市場成長率の前提
　中期経営計画の進捗状況

注）会社の概要を端的に理解してもらうのが目的

（6）有価証券報告書作成

第六に、有価証券報告書作成である。ここでは、第1四半期から第3四半期までの四半期報告書も含める。

図表2-1-3　有価証券報告書の主な内容

企業の概況
　　主な経営指標等の推移
　　沿革
　　事業の内容
　　関係会社の状況
　　従業員の状況
事業の状況
　　経営方針、経営環境及び対処すべき課題
　　事業等のリスク
　　経営者による財政状態、経営成績及びキャッシュ・フロー
　　経営上の重要な契約等
　　研究開発活動
設備の状況
　　設備投資の概要
　　主要な設備の状況
　　設備の新設、除却等の計画
提出会社の状況
　　株式等の状況
　　自己株式の取得等の状況
　　配当政策
　　株価の推移
　　役員の状況
　　コーポレート・ガバナンスの状況等
経理の状況
　　連結財務諸表等
　　連結貸借対照表
　　連結損益計算書及び連結包括利益計算書
　　連結株主資本等変動計算書
　　連結キャッシュ・フロー計算書
　　連結附属明細表
財務諸表等
　　貸借対照表
　　損益計算書
　　株主資本等変動計算書
　　附属明細表

有価証券報告書及び四半期報告書は、決算短信と同様、IR担当部署がどの部署にあるかで、関与の度合いが変わってくる。ここでは、IR担当部署が経営企画部門や経理財務部門とは異なる場合を想定して記述する。有価証券報告書及び四半期報告書の作成は、決算短信と同様、主体は経理財務部門である。従って、IR担当部署が直接関与するケースは少ないとみられる。

　有価証券報告書及び四半期報告書の作成作業は、決算短信と同様、宝印刷やプロネクサスなどのIR支援会社のサービスを活用して行う上場企業が多い。決算短信と内容の重複が多いためである。対外公表の媒体は、EDINET（エディネット、Electronic Disclosure for Investors' NETwork）を通じて行う。

　EDINETは、金融庁の所管で、金融商品取引法に基づく有価証券報告書などの開示書類に関する電子開示システムである。有価証券報告書、有価証券届出書、大量保有報告書などの開示書類について、提出から公衆縦覧などに至るまでの一連の手続きを電子化するために開発されたシステムである。外部のステークホルダーは、有価証券報告書や四半期報告書は、このサイトでチェックすることになる。

（7）決算説明会の実施

　第七は、決算説明会の実施である。決算説明会とは、アナリストや機関投資家向けに決算概要を説明する会合である。多くの上場企業は、第2四半期決算と第4四半期決算の年に2度、アナリスト・機関投資家向けの決算説明会を実施している。情報開示の取り組みが進んでいる会社の場合には、第1四半期、第3四半期においても、決算説明会を実施している。所要時間としては、1時間〜1時間30分である。前半は決算説明、後半は質疑応答である。中期経営計画の説明や、事業説明会（事業内容の紹介）を併せて行う場合には、1時間30分かけて実施するケースが多い。大型株（時価総額2,000億円以上）企業の場合には、決算発表日、または翌営業日に行うケースが見受けられるが、中小型株（時価総額2,000億円未満）企業の場合には、決算発表から1カ月前後経過してから行うケースも見受けられる。

　決算説明会の開催にあたっては、同じセクターの別会社の決算説明会の開催日時に注意を払う必要がある。会場を抑えていざ開催する準備を整えても、

同じセクター内で別会社の決算説明会の開催日時と重複していると、出席者が減るからである。理想は、日時に余裕を持たせて会場を抑えておくことが望ましいが、他社のイベント情報は、IR担当側では把握しにくいため、アナリストや機関投資家に重複する決算説明会があるかを確認すると良い。

　また、決算発表シーズン中の金曜日の15時以降の決算説明会の開催は、出席者が減るリスクがあるため、避けた方が無難である。なぜならば、同じセクター内の別会社の決算発表の集中日と重なると、アナリストや機関投資家は、決算説明会への出席を断念して、他の複数社の決算発表の電話取材に集中してしまうリスクが高まるためである。

　なお、アナリスト・機関投資家向けの決算説明資料は、株主総会や社員向け決算説明会にも活用できるものであるため、IR担当部署と担当者が異なる場合には、情報共有することが望ましい。

（8）決算電話会議の実施

　第八は、決算電話会議の実施である。決算電話会議とは、アナリストや機関投資家向けに決算概要を説明する電話会議である。アナリストや機関投資家が専用の電話番号へ同時にかけることで、電話会議方式で決算説明や質疑応答を行う。よくあるパターンとしては、第2四半期と第4四半期には決算説明会を実施し、第1四半期と第3四半期には決算電話会議を実施する、といったケースである。また、決算説明会の開催前にアナリスト・機関投資家向けに決算内容の数値的な説明を決算電話会議で実施するケースもある。所要時間としては、1時間で実施するケースが多い。前半は決算説明、後半は質疑応答である。

　決算説明会と同様、セクター内の別会社の決算説明会と日時が重複するのを避けるのが望ましい。また、決算発表シーズン中は、金曜日の15時以降の開催は、決算発表の集中日時と重複して参加者が減るリスクが高まるため、避けた方が無難である。

　社内ヒアリング、決算短信作成、決算説明用手持ち資料の作成、証券取引所での投函・記者会見及び決算問い合わせ対応、対外用決算説明資料作成、

有価証券報告書作成、決算説明会の実施、決算電話会議の実施、のうち、社内ヒアリングと決算短信作成は、決算発表前に実施する。証券取引所での投函・記者会見及び決算問い合わせ対応は、決算発表当日である。決算説明用手持ち資料の作成は、決算発表前に完成していることが望ましい。対外用決算説明資料作成については、IR人員の制約から、決算発表前に実施する会社と、決算発表後も実施する会社とがある。有価証券報告書作成、決算説明会の実施、決算電話会議の実施は、決算発表後に実施する。

2）アナリスト・機関投資家とのIR取材対応

　第二に、アナリスト・機関投資家とのIR取材対応である。IR取材対応は、決算発表後に実施する。方式としては、来訪取材、訪問取材、電話取材、海外ロードショーがある。

（1）来訪取材

　来訪取材とは、アナリスト・機関投資家が上場企業を訪問してIR取材する方式である。IR取材対応の中では、最も件数が多い方式である。原則として、IR担当者が対応するが、アナリスト・機関投資家側が経営陣へのIR取材を依頼してきた際には、経営陣が主体となって対応することもある。

　海外機関投資家とのIR取材の場合には、証券会社側が通訳を伴っていることが多い。従って、日本語で対応したとしても、翻訳対応してもらうことができる。しかしながら、通訳を介する分だけ時間がかかるため、理想は直接、英語で会話できることが望ましい。

　通訳を介する場合には、専門用語が壁となり、上手く伝わらない場合がある。これを避けるためには、事前に通訳側に専門用語の日英対応表を送っておくことが望ましい。

（2）訪問取材

　訪問取材とは、上場企業側がアナリスト・機関投資家を訪問してIR取材する方式である。本社が東京都内ではない上場企業の場合には、集中訪問日を設けて東京都23区内へ来訪するケースがある。また、本社が東京都内であっ

ても、要望に応じて訪問取材するケースがある。セルサイド・アナリストの
カバーが少ない事業会社の場合、決算発表直後に訪問取材を行うことは、自
社に関するアナリスト・レポートを書かれる確率を上げる上で有効な手段で
ある。

（3）電話取材

　電話取材とは、電話会議の形でIR取材する方式である。本社が東京都23
区外で遠隔地であったり、取材するアナリスト・機関投資家が海外であった
りする場合に活用される。

（4）海外ロードショー

　海外ロードショーとは、上場企業の社長やIR担当者が海外の株主や機関
投資家を直接訪問し、自社の決算内容や経営戦略などを説明する活動のこと
である。株式市場における海外機関投資家の影響力が強まっているためであ
る。海外ロードショーに行くにあたっては、決算説明資料の英語版の事前作
成が必要である。日本語が読めない機関投資家がいることが予想されるため
である。また、通訳を同伴する場合には、事前に通訳側に専門用語の日英対
応表を送っておくことが望ましい。

　IR取材対応にどれだけ時間を割けるかは、その会社のIR担当部署の業務
範囲と人員配置によって異なる。専属のIR担当部署がある会社の場合には、
比較的柔軟にIR取材対応をすることが可能であるが、IR以外の業務を掛け
持ちしている会社の場合には、他業務が繁忙期であれば、IR取材対応に時間
を割くことが難しくなる。

　IR取材対応の時期は、アナリスト・機関投資家向け決算説明会がある四半
期の場合には、アナリスト・機関投資家向け決算説明会の実施日時以降の対
応となる。アナリスト・機関投資家向け決算説明会の開催日時が決算発表の
日時より大幅に遅い場合には、IR取材対応の可能な期間が短くなるリスクが
増すことになる。

　また、大株主などのIR取材対応の場合には、社長インタビューを求められ

る場合もある。この場合、IR担当者のみでは対処できないため、社長の協力が必要である。

3）IRツールの製作

第三に、IRツールの製作である。IRツールには、会社案内、アニュアルレポート、株主通信、CSR報告書、統合報告書、ファクトブック（ファクトシート）、などがある。なお、会社案内は必ずしもIRに限ったツールではなく、PRでも取り扱う。

（1）会社案内

会社案内とは、会社の事業内容の概要をまとめたものである。2種類あり、会社の事業内容、沿革などをまとめたパンフレットと、アナリスト・機関投資家向けに概略を説明するパワーポイント資料、とがある。

前者の場合、作成は印刷業者へ外注するケースが多い。日本語版と英語版、ニーズがあれば、中国語版も作成する。

図表2-1-4　会社案内（パンフレット）の主な内容の例

会社概要
主要製品・サービスの概要
会社の沿革
国内外の社内ネットワーク
注）会社の概要を端的に理解できるようにするのが目的

後者の場合、作成はIR担当者自身である。アナリストや機関投資家が初めてIR取材する際に基本的な内容を説明する資料として活用できるように、沿革、主要製品・サービスとその市場シェア、主な競合、主な顧客などをまとめる。主要製品・サービスについては、できるだけ写真画像を活用する。日本語版だけでなく、英語版も作成する。

いずれもアナリストや機関投資家が初めてIR取材する際に活用できるものであるが、後者は、初回のIR取材でアナリストや機関投資家が質問して聞き出したいことが網羅されているため、アナリストや機関投資家にとっては、

大いに役に立つ資料となる。しかしながら、前者のパンフレットを作成している会社は多いが、後者のパワーポイント資料を作成している会社は少ないのが現状である。会社によっては、後者のパワーポイント資料の情報を決算説明資料に盛り込んでいる会社もある。

図表2-1-5　会社案内（パワーポイント資料）の主な内容の例

会社概要
会社の沿革
主要製品・サービスの概要とその市場シェア
製品・サービス別の主な競合、主な顧客
注）会社の事業構造を端的に理解できるようにするのが目的

（2）アニュアルレポート

　アニュアルレポートとは、事業年度終了後に作成する上場企業の年次報告書である。決算内容だけでなく、社長からのメッセージや、株主の主な構成などを取りまとめる。会社案内のパンフレットと同様、作成は外注するケースが多い。日本語版が基本で、海外機関投資家向けに英語版も作成する。海外機関投資家が株主に多い会社の場合、英語版のみを作成する会社もある。

図表2-1-6　アニュアルレポートの主な内容の例

会社概要
社長メッセージ
財務状態及び業績等
事業別の業績や取り組み
主な財務指標の推移
株主の状況
注）会社の財務的な取り組みを総合的に理解できるようにするのが目的

（3）株主通信

　株主通信とは、ある一定期間の会社の事業のトピックスなどを記載した報告書である。第2四半期と第4四半期の年に2度、発行する上場企業が多い。内容は、名称の通り、株主に向けた報告書である。アニュアルレポートと役割としては同じ性質であるが、アニュアルレポートに比べ、内容のボリューム及びページ数が少なく、コンパクトであることが特徴である。主として個人投資家をターゲットにしているためである。

図表2-1-7　株主通信の主な内容の例

会社概要
社長メッセージ
財務状態及び業績等
事業活動のトピックス
主な財務指標の推移
株主の状況
注）会社の財務的な取り組みを端的に理解できるようにするのが目的

（4）CSR報告書

　CSR報告書とは、CSR（企業の社会的責任、Corporate Social Responsibility）の考え方に基づいて行う、社会的な取り組みをまとめた年次報告書のことである。実務上は、CSR報告書の作成は、IR担当者とは別の担当者が実施しているケースが見受けられる。しかしながら、後述する統合報告書には、CSR報告書の内容が盛り込まれているため、IR担当者としても、概要は認識しておきたいところである。

図表2-1-8　CSR報告書の主な内容の例

会社概要
社長メッセージ
コーポレート・ガバナンスの取り組み状況
環境・安全対策
地域社会との連携
注）会社の非財務的な取り組みを総合的に理解できるようにするのが目的

（5）統合報告書

統合報告書とは、事業年度終了後に作成する上場企業の年次報告書である。アニュアルレポートと違う点は、財務情報だけでなく、非財務情報も扱っていることである。これが「統合」の名前が付く理由である。従来は別々であったアニュアルレポートとCSR報告書を統合したものが多い。従って、統合報告書を作成している上場企業の場合、アニュアルレポートやCSR報告書は単独では作成していない。役割が重複するためである。

統合報告書には、従来、独立して公表されていた財務情報と非財務情報を関連付け、長期的な企業価値向上に繋がる取り組みを一冊で把握できるようにすることで、年金基金などの長期的な機関投資家を開拓する役割がある。

統合報告書の作成ガイドラインは、統合報告書の普及を主導する国際統合報告評議会（IIRC、International Integrated Reporting Council、イギリス）が公表している。

アニュアルレポートと異なり、内容はコーポレート・ガバナンスの取り組み状況などの非財務情報が前面に出ており、財務情報は後半部分に掲載されていることが多い。単に財務情報と非財務情報を合冊するだけ、というよりは、持続的成長のための取り組みを非財務情報と財務情報それぞれで取り上げる、といったイメージでまとめられている。

図表2-1-9　統合報告書の主な内容の例

会社概要
社長メッセージ
コーポレート・ガバナンスの取り組み状況
環境・安全対策
地域社会との連携
財務状態及び業績等
事業別の業績や取り組み
主な財務指標の推移
株主の状況

注）会社の財務・非財務の取り組みを総合的に理解できるようにするのが目的

（6）ファクトブック（ファクトシート）

　ファクトブックは、決算データ（損益計算書、貸借対照表、キャッシュ・フロー計算書、セグメント別データなど）や財務指標をまとめたものである。冊子のものはファクトブックと呼ぶが、Excelデータでコーポレートサイトからダウンロードできるようにする場合には、ファクトシートと呼ばれる。

　情報開示があまり進んでいない会社の場合、口答ベースでの情報開示であったり、決算短信の定性的情報の掲載にとどまったりするケースがある。しかしながら、ファクトブックやファクトシートでコーポレートサイトに掲載しておけば、外部のステークホルダーが決算データに容易にアクセスし、データ作成することができるため、ファクトブック、ファクトシートをコーポレートサイトへ掲載する取り組みを実施する方が望ましい。

図表2-1-10　ファクトブック（ファクトシート）の主な内容の例

貸借対照表の年度別推移
損益計算書の年度別・四半期別推移
キャッシュ・フロー計算書の年度別推移
セグメント別業績の年度別・四半期別推移
主な財務指標の年度別推移
注）会社の財務データを手間なく早期に活用できるようにするのが目的

　なお、IRツールではないが、PR全体では、「社内報」も作成する。社内報は、社員に向けた広報である。定期購読できる冊子として社内で配布するが、会社の規模などに応じて、その頻度は月次、四半期など異なっている。IR担当部署が兼務している場合もあるとみられるが、別の担当者であることが望ましい。

4）プレスリリースの公表

　第四に、プレスリリースの公表である。プレスリリースは、適時開示制度に則ったものと、任意開示のものと2種類に分かれる。適時開示制度に則ったものの場合には、証券取引所の適時開示情報閲覧サービス・TDnet（Timely Disclosure network）でのリリース文の掲載が必要であり、併せて自社のコーポレ

ートサイトでの掲載が必要となる。

　一方、任意開示の場合には、TDnetでのリリース文の掲載は必須ではなく、掲載するかどうかは会社自身の判断になる。

5）月次データの公表

　第五に、月次データの公表である。月次データとは、月次売上高、月次受注高、月次販売台数、月次生産台数、月次受注台数など、業績に関わる月次情報である。任意開示の範疇であり、事業会社の開示方針によって情報開示の有無やその内容が異なっている。情報開示の方法も、TDnetでリリース文として掲載するケースや、自社のコーポレートサイトのみに掲載するケース、業界新聞にプレスリリースを行い、業界新聞に掲載するケースなど、様々である。

　2018年4月に改正金融商品取引法によってフェア・ディスクロージャー・ルール（以下、FDルール）が施行されてからは、TDnetでリリース文として掲載するケースや、自社のコーポレートサイトに掲載するケースなど、誰でも情報にアクセスできる方法による情報開示が求められるようになった。従って、口答ベースで月次データの情報開示を行うことは難しくなっている。

　特に、進行期間中の決算に関わる情報の提供は、FDルール上、問題になる。例えば、3月が決算期の上場企業が19年6月に19年5月の月次情報を提供することは、19年4-6月期の決算発表前に未公表の情報を提供することになるため、TDnetあるいはコーポレートサイトに掲載し、誰でも入手可能な公開情報とすることが必要になる。

　仮に、アナリスト向け決算説明会などで進行期間中の決算情報に関連する月次情報を話してしまった場合には、即座にTDnetあるいはコーポレートサイトに掲載し、公開情報とする必要がある。

6）コーポレートサイトの管理

　第六に、コーポレートサイトの管理である。コーポレートサイトの管理は、コーポレートサイト全体の管理、IRサイトのみの管理、の2パターンが考えられる。コーポレートサイト全体の管理をしているパターンの場合、IR担当

者が広報担当者を兼任している会社に見受けられる。IRサイトのみの管理の場合、広報担当者がIR担当者とは別にいる会社に見受けられる。IRサイトとは、コーポレートサイトのIRページである。「IR情報」、「株主・投資家情報」、などの表記がコーポレートサイトでなされている。コーポレートサイトの管理は、情報通信業界の会社のように、自社に管理のノウハウがある場合は社内で対応するが、社内にノウハウがない場合には、管理運営やコンテンツの制作をウェブ制作会社に外注することになる。

7）経済メディアとの取材対応

　第七に、経済メディアとの取材対応である。東洋経済新報社の「会社四季報」に関連する取材対応の場合には、基本的にはアナリスト・機関投資家向けのIR取材対応と同じである。東洋経済新報社の「会社四季報」は毎四半期、上場企業を定点観測し、独自の業績予想の情報を更新するため、アナリスト・機関投資家向けのIR取材対応の場合と、求められるニーズがおおむね同じだからである。

　しかし、それ以外の経済メディアの取材対応は、アナリスト・機関投資家向けのIR取材対応は異なるケースが多い。異なる理由は、求められる取材内容がその都度異なること、毎四半期発生するとは限らないこと、などである。「ニュースとしての付加価値があるか」が経済メディア側の取材ニーズのポイントであるため、アナリスト・機関投資家のように必ずしも定点観測の取材が必要とは限らないのである。

　従って、どのような取材内容が必要なのかを、申し込みを受けた段階で確認する必要がある。場合によっては、周到な準備が必要だったり、社長の協力が必要だったり、事業部門の協力が必要だったりするためである。この点がアナリスト・機関投資家向けのIR取材対応とは大きく異なる。

8) 株主総会の実施

　第八に、株主総会の実施である。株主総会の準備・運営は、IR担当者が行う場合と、株主総会担当とで分かれている場合がある。大きく分けて、次の業務がある。

図表2-1-11　株主総会の主な業務の例

（1）	株主総会会場の手配
（2）	経営陣等との合意形成
（3）	決議事項の準備
（4）	想定問答集の作成
（5）	招集通知等の作成
（6）	株主総会の議事録の作成
（7）	株主総会当日の会場運営

---

9) アナリスト・機関投資家向けのイベント実施

　第九に、アナリスト・機関投資家向けのイベント実施である。具体的には、事業説明会、セルサイド・アナリスト向けの施設見学会、機関投資家向けの施設見学会、などである。事業説明会とは、アナリスト・機関投資家向けに事業内容を紹介することを目的とする説明会である。

　これらは、イベントごとに主催する会社側の目的は異なるものの、共通していることは、アナリスト・機関投資家が事業内容を正しく理解できるようにすることである。特に、セルサイド・アナリストのカバレッジが少ない会社の場合には、セルサイド・アナリスト向けの施設見学会は、アナリスト・レポートが書かれるきっかけになることがあるため、カバーアナリストの人数を増やすためには有効な手段である。

開催するにあたっては、できるだけ参加者が多くなる方が効果は大きい。従って、参加者の日程の都合を確認する方が無難である。参加者側の都合を無視して、社内の都合だけで日程を決めてしまうと、いざ募集した際に誰も参加しない、といった事態が起こりかねないため、注意が必要である。

　例えば、遠隔地で施設見学会を実施する場合には、アナリスト・機関投資家の業務閑散期で、かつ週末の日時を選んだ方が、参加者は増えやすい。1社単独での集客が難しい場合には、同じセクターの近くの会社のIR担当にも呼びかけて、共同開催すれば、アナリスト・機関投資家側としては、まとめて出張する形で訪問できるため、参加者は増えやすい。

10）個人投資家向けのイベント実施

　第十に、個人投資家向けのイベント実施である。個人投資家向け会社説明会、個人投資家向け施設見学会などである。

　アナリストや機関投資家向けに実施する場合と内容自体は同じであるが、より分かりやすく説明することが求められ、特に事業内容への理解に重きを置くことになる。

第2節 IRの十大原則「IRの10S」

　IRに携わるにあたっては、IR担当者として、守るべき十大原則がある。これを筆者は「IRの10S」と呼んでいる。IRの10Sとは、次の10項目である。

図表2-2　IRの10S

1) 分かりやすさの徹底	(Simple)
2) 誠実な情報開示	(Sincere)
3) 企業基本情報の提示	(Summary)
4) 成長ストーリーの提示	(Story)
5) 直近の動向の提示	(Situation)
6) 定量分析情報の提示	(Specific)
7) 好材料・悪材料の迅速公表	(Swift)
8) 置かれた立場の理解	(Standpoint)
9) 継続開示の努力	(Sustain)
10) 情報開示のためのスキル向上	(Skill)

1) 分かりやすさの徹底 (Simple)

　第一に、「分かりやすさの徹底 (Simple)」である。IRの世界では、端的で分かりやすい説明が求められる。どんなにたくさん説明しても、取材する側が理解できないような説明では、意味がない。回りくどい説明や、長々とした説明は、取材する側のストレスを溜める原因を作り、結果としてIRする側の印象が下がるため、注意が必要である。また、専門用語を多用することも分かりにくさが増すため、避けた方が良いだろう。

2）誠実な情報開示 (Sincere)

　第二に、「誠実な情報開示 (Sincere)」である。誠実で公平な情報開示がなされなければ、取材する側としては、特定の相手にしか情報開示をしない会社なのでは、と不信感を抱くだろう。IRする側として、言いたいことだけを説明し、取材する側の質問に丁寧に答えないような対応は、慎むべきである。IRする側の言いたいことと、取材する側の聞きたいことは必ずしも一致しないことを知っておきたいところである。

3）企業基本情報の提示 (Summary)

　第三に、「企業基本情報の提示 (Summary)」である。取材する側としては、事業デューデリジェンスの視点で情報収集を行う。事業デューデリジェンスとは、調査対象企業の事業構造を把握し、調査対象企業の将来性を査定することである。

　取材する側としては、具体的には、(1) 主要製品・サービス・ビジネスモデルの内容、(2) 主要製品・サービスの市場シェア、(3) 主な競合、(4) 主な取引先、(5) 主な事業展開地域、(6) 主要原材料、(7) 関連の業界統計、(8) 関連の規制動向、(9) 企業の沿革、(10)強みと弱み、などの基本情報を把握しておきたいと考えている。

　しかし、残念ながらこれらの情報をきちんと準備できている会社は、少ないのが現状である。特に、強みと弱みについては、きちんと説明できる会社は意外と少ない。市場シェアが高いのが強みなのではなく、どのような強みを持っているから市場シェアが高くなったのかを、取材する側は知りたいところであるが、因果関係がつかめていない会社の場合には、なぜ、市場シェアが高くなったのか、会社の歴史的経緯を整理する必要があるだろう。

4）成長ストーリーの提示 (Story)

　第四に、「成長ストーリーの提示 (Story)」である。どのような経営方針のもと、どのような製品・サービスの拡販によって、どのような取り組みで事業成長していくのかを、取材する側としては、知りたいところである。業績が厳しい状況の場合には、どのような取り組みを行うことで、業績を改善させ

るつもりなのかを、丁寧に説明する必要がある。永続的に業績が拡大する会社は存在しないことから、業績が厳しい時ほど、成長ストーリーを端的に説明できるようにすることが求められる。

5）直近の動向の提示（Situation）

第五に、「直近の動向の提示（Situation）」である。例えば、中国市場の売上高比率の高い企業の場合には、中国国内の直近の市場動向を把握した説明が求められる。直近で米中貿易摩擦が生じているのに、その影響の度合いを無視した説明をしてしまうと、取材する側には説明内容に違和感を抱かれることになるため、注意が必要である。

6）定量分析情報の提示（Specific）

第六に、「定量分析情報の提示（Specific）」である。ある事象を外部に説明する場合には、数値化して説明することを求められる。

例えば、アメリカ市場に新たに販売拠点を設立したとする。取材する側としては、販売拠点設立による将来的な効果を知りたいところである。3年後にアメリカの売上規模がどれくらいになるのか、収益性はどうなるのか、などである。具体的な売上高目標や利益目標を提示することが求められる。

また、円高による為替影響が生じている場合には、取材する側としては、どれくらいの影響額が出たのかを売上高、営業利益それぞれで知りたいところである。

このように、チャンスもリスクも、いずれも数値化して説明できるよう、整理する必要がある。

7）好材料・悪材料の迅速公表（Swift）

第七に、「好材料・悪材料の迅速公表（Swift）」である。特に、悪材料ほど、早めに公表することが重要である。なぜならば、悪材料を遅く公表すればするほど、取材する側は企業の対応に不信感を抱くからである。子会社の不適切会計が発覚した際などには、素早く公表する姿勢が重要である。

8）置かれた立場の理解 (Standpoint)

　第八に、「置かれた立場の理解 (Standpoint)」である。例えば、決算発表をした日には、決算内容に関する問い合わせ対応ができるように、証券取引所に行く人員と、社内に残って問い合わせ対応をする人員と2つのグループを確保する必要がある。

　間違っても、証券取引所に行ってそのまま会社に戻らずに直帰して誰も問い合わせ対応ができない、といった状況を作ってはならない。決算発表日に問い合わせ対応をしない、ということは、アナリストや経済記者は、翌朝に正確に決算内容を報じることができないことを意味する。対応を軽視すると、誤った情報を流されたり、否定的な見解を出されたりするリスクが高くなる。アナリストや経済記者も人であり、感情を持っている。自ら敵意を持たせる行動は慎むべきだろう。

9）継続開示の努力 (Sustain)

　第九に、「継続開示の努力 (Sustain)」である。一度情報開示した内容は、むやみに情報開示の基準を変更しない、既に公表した内容との整合性を取る、開示体制の維持に必要な人員を確保する、等の努力が必要である。

　例えば、事業セグメントの区分を頻繁に変更してしまうと、取材する側の時系列分析を阻害することとなるため、避けるべきである。また、情報開示した際に説明した内容は、取材する側は覚えているものである。以前説明した内容が直近ではどうなっているかを取材する側としては知りたがるものであるので、例えば、ある不祥事が発生してその対応のためのコストが発生した、という場合には、状況が落ち着くまでは継続的に情報開示すべきである。

10）情報開示のためのスキル向上 (Skill)

　第十に、「情報開示のためのスキル向上 (Skill)」である。IR担当者は、情報開示するために様々なスキルが求められる。例えば、財務分析やコーポレート・ファイナンスの最低限の知識が求められるほか、海外機関投資家とのやり取りが多い場合には、語学力も必要になる。会社の置かれた状況に合わせたスキル向上がIR担当者には求められる。

第3章

IRに必要な
開示情報

第1節 IRに必要な開示情報

　第3章では、IRに必要な開示情報について取り上げる。そもそも外部へ向けて情報開示する上で、どんな項目が必要なのか。実は、企業価値評価をする上でどんな項目が必要なのか、という問いと答えは同じである。分析する側とされる側で立場が異なるだけである。以下に列挙する。

1）セグメント別業績
　　事業別、地域別、製品・サービス別、用途別の売上高、営業利益、受注高、受注残高

2）新年度会社計画
　　(1) 売上高、営業利益、経常利益、当期純利益
　　(2) セグメント別売上高、セグメント別営業利益
　　(3) 減価償却費、設備投資
　　(4) 為替前提、為替感応度
　　(5) 業界の市場前提

3）営業利益の増減要因分析
　　実績、新年度会社計画

4）中期経営計画の目標値
　　売上高、営業利益、設備投資、減価償却費

5）月次データの整備・公表
　　月次売上高、月次受注高など

6）資本政策の考え方

配当性向、自社株買いのスタンスなど

7）ビジネスモデルの特徴

（1）製品・サービスの市場シェア

（2）製品・サービスの競合

（3）製品・サービスの用途先

（4）強み

（5）業界統計の有無

（6）類似業界の有無

（7）成長ストーリー

第2節 セグメント別業績は継続的・詳細に

　情報開示する上でまず必要な情報は、セグメント別業績である。事業別、地域別、製品・サービス別、用途別など、様々な切り口での業績の情報開示が求められる。具体的には、売上高や営業利益を項目別に分けることになる。

　受注産業の場合には、受注高や受注残高も分けて開示することが望ましい。

●必要なセグメント別業績
事業別、地域別、製品・サービス別、用途別の売上高、営業利益、受注高、受注残高

　一見、どの事業会社でもきちんと情報開示していそうだが、実際には載せていない事業会社が結構存在する。例えば、セグメント別売上高は決算短信に載せていても、セグメント別営業利益は四半期報告書が掲載されるまで開示されないケースがある。また、セグメント別受注高が存在するにも関わらず、決算短信や四半期報告書には載っていないケースもある。地域別売上高も、以前はどの事業会社でも載っているものだったが、任意開示の範疇のため、決算短信に載せている会社とそうでない会社が存在する。

　いずれの情報にしても、継続的に情報開示する方が望ましいものである。会社によっては、第2四半期と第4四半期のみ情報開示し、第1四半期と第3四半期は情報開示しないケースがあるが、集計上困難な場合を除き、これは望ましい状態とは言えないことから、継続開示することが望ましい。

　単一事業の事業会社の場合、「当社グループの報告セグメントは、単一セグメントのため記載を省略しております。」として、情報開示しないケースがある。しかし、単一事業の場合でも、国内では、北海道、東北、関東、中部、関西、中国、四国、九州など、地域別に分割することは可能である。ま

た、製品別、サービス別、用途別といった切り口で分割できる場合もあるだろう。

　外部のステークホルダーが業績を分析する上で、分析の切り口を提供することは非常に重要な役割を担っていることから、継続的に分析情報を提供する情報開示姿勢が求められる。

　以下に受注高、受注残高の場合の望ましくない情報開示の例を挙げる。受注高、受注残高、売上高、営業利益のいずれにも言えることとして、セグメント別の表でまとめて整理した情報開示が望ましい。読み手が情報を見つけにくいためである。

●望ましくない情報開示の例（受注高、受注残高の場合）
1）受注高、受注残高が存在するのに開示しない
2）毎四半期の開示ではなく、不定期に行う
3）第2四半期と第4四半期のみ受注高や受注残高を開示し、第1四半期と第3四半期は開示しない
4）四半期報告書や有価証券報告書が出るまで、受注高、受注残高を開示しない
5）実績が良い時は開示するが、悪い時は開示しない
6）悪い実績の場合に、他の良い情報にすり替える

新年度会社計画はより 数値を具体的に

　新年度会社計画としては、1) 売上高、営業利益、経常利益、当期純利益、2) セグメント別売上高、セグメント別営業利益、3) 減価償却費、設備投資、4) 為替前提、為替感応度、5) 業界の市場前提の5つを取りあげる。

1）売上高、営業利益、経常利益、当期純利益

　次に重要な情報は、新年度会社計画（業績予想）である。決算短信では最初のページに売上高、営業利益、経常利益、当期純利益の予想値が通常、載っている。会社計画値は、会社の業績の先行きをみる上で重要な指標の一つである。

　業界によっては、例えば、証券業界のように、先行きを合理的に読むことが困難として、予想値の情報開示をしないことがある。また、事故や災害などの事態が生じた際には、予想が困難として、予想値の開示が見送られる場合もある。

　会社によっては、各事業部門が積み上げた数値をそのまま会社計画として取り入れることもあれば、リスクを織り込んで低めの数値にすることもある。会社計画の作り方は、会社の方針に応じて様々である。

　会社計画の修正基準として、売上高に10％以上の増減があった場合や、営業利益、経常利益、当期純利益に30％以上の増減があった場合には、直近の状況に見合った修正計画を公表しなければならない。しかしながら、この基準の取り扱いは、事業会社によってまちまちである。理由としては、管理部門の人員の問題である。管理部門が充実している事業会社の場合、直近の社内計画を反映することが可能だが、管理部門の人員が少ない事業会社の場合、対応するだけのマンパワーが不足しているケースが多い。

　既に第3四半期決算までの段階で会社計画値を達成しているにも関わらず、

修正会社計画を公表せず、従来値のまま据え置いてしまうケースも実務上では、見受けられる。

　アナリストが事業会社の企業価値評価を行い、投資判断をする際には、DCF法 (Discounted Cash Flow法) という手法を使う。この手法を使う場合、営業利益の予想値が必要であり、株価指標であるPER (株価収益率) で予想値をみる場合には、当期純利益の予想値が必要である。従って、理想としては決算の都度、直近の予想値を反映させることが望ましい。

2）セグメント別売上高、セグメント別営業利益

　セグメント別の実績値 (売上高、営業利益) は、決算短信などに載っていても、予想値を載せていない事業会社が結構ある。どの事業が牽引して増収増益になる計画なのかなどを判断するには、セグメント別の予想値も必要になり、1）の補助材料になる。

　会社によっては、決算短信の最後に載せていたり、決算説明資料に載せていたりしている場合がある。決算説明資料の場合、第2四半期と第4四半期は決算説明会の実施後の掲載となるケースが多いため、決算発表後から決算説明会実施まで、詳細が不明になる場合がある。決算短信の最後の補足資料として載せる方が、決算発表時に内訳も外部のステークホルダーが把握できるため、望ましい対応と言える。

　実例としては、FUJIという機械メーカーは、決算短信の最後部にセグメント別の売上高、受注高の予想値を掲載している。営業利益の内訳のみ非開示としているが、営業利益も開示しておいた方が望ましい。

　別の例としては、スター精密という機械メーカーは、決算発表と同時に公開する決算説明資料にセグメント別の売上高、営業利益を掲載している。決算発表と同時に掲載する場合には、決算説明資料での掲載でも情報開示のタイムラグが生じないため、決算短信でなくても問題は生じない。

3）減価償却費、設備投資

　前述のDCF法でアナリストが企業価値評価を行う場合、減価償却費や設備投資の予想値がどうしても必要である。しかし、この項目は1）や2）に比

べ、公開情報として載せていない会社が多い。最も載っている可能性が高い
のは決算説明資料だが、決算短信の最後に載せている場合もある。減価償却
費や設備投資は、アナリストが企業価値評価をする上で重要な項目であるた
め、社内できちんと集計して公表する姿勢が求められる。

　実例としては、ユニオンツールという機械工具メーカーは、決算短信の最
後部の決算補足資料に設備投資と減価償却費の実績値と計画値を掲載してい
る。

　しかし、対外公表する上で注意が必要なのは、設備投資は、集計した予算
をそのまま計上すると、実際に使う金額より大きくなりがちになることであ
る。各部署が予算取りをしたものを集計するためである。1) の対外的な利益
計画値と矛盾が生じる可能性もある。

　設備投資の金額があまりにも過大になると、キャッシュ・フローを計算す
ると、現預金がマイナスになってしまい、「増資する懸念があるのでは」、と
いう疑念を外部から抱かれかねない。キャッシュ・フロー計算の予想に対し
て、説明内容に矛盾のない数値作成を心がけることが重要である。また、設
備投資を多く実施する際には、資金調達手段をどうするのか、借り入れで賄
うのか、増資もやむなしなのか、対外的に説明できるよう準備しておくこと
も必要である。

4) 為替前提、為替感応度

　製造業など、海外展開をしている会社の話になるが、為替影響が大きい会
社の場合、会社計画の為替前提や、為替感応度を推計して開示する必要があ
る。為替感応度とは、米ドルと円の関係の場合、為替相場が1円変動した際
に業績がどれくらい変動するのかを推計したものである。基本的には営業利
益ベースでの推計になるが、売上高での推計値もあるのが望ましい。基本的
には米ドルと円の関係での集計になるが、1ドル＝何円の為替前提なのかを
開示しないと、アナリスト側は為替相場の変動に応じた予想ができない。

　ドル以外にも多くの国で事業展開している場合には、ユーロやポンド、人
民元なども必要になる。外部からはどの程度の為替水準で会社計画が組まれ
ているかが分からないため、会社側がどれくらいの為替水準を会社計画の前

提として採用しているかを情報開示する必要がある。これらの情報は、3）以上に公開情報として資料に載っていない場合が多い。

　オープン情報として公表されている場合、決算説明資料に載っていることが多いが、決算短信の補足資料などに為替実績と為替前提、為替感応度の3つは掲載しておくことが望ましい。

　実例としては、3）でも取り上げたユニオンツールという機械工具メーカーは、為替実績と為替前提、為替感応度の数値を決算短信の最後部の決算補足資料に掲載している。

5）業界の市場前提

　新年度の会社計画の数値も重要だが、会社が属する業界、あるいは用途先である業界の市場動向について説明できることも重要である。新年度では市場はどれくらい伸びるとみているのか、その中で自社の市場シェアはどれくらいあるのかを外部のステークホルダーは知りたいところである。

　基本的に、会社計画の売上高の伸び率が市場の伸び率よりも大きければ、市場シェアを上げることを想定していることを意味する。売上高の伸び率が市場の伸び率よりも小さければ、市場シェアを下げることを意味する。厳密には、為替影響による売上高の増減もあるため、売上高の伸び率は、為替前提も踏まえて影響をみる必要があるものの、ざっと見た場合には、以下のような考え方になる。

市場の伸び率　＜　会社計画の売上高の伸び率　→市場シェアが上がる

市場の伸び率　＞　会社計画の売上高の伸び率　→市場シェアが下がる

　業界の市場データを集計して開示している会社の場合、前年の実績値と新年度の市場規模を決算説明資料で示している会社がいるが、現状では少ない。業界統計が整備されている業界の場合は、業界の市場データの実績が情報開示されているため分析しやすいが、業界統計がない場合の方が多いため、市場規模については、新年度のみならず、実績値についても推計して外部に情報開示する方が望ましい。

第4節 営業利益の増減要因分析は項目を具体的・継続的に

　会社計画の中身として重要なのが、営業利益の増減要因分析である。増減要因分析の場合、会社計画だけでなく、実績も作成していることが望ましい。増減要因分析とは、例えば、終わった年の営業利益が100億円で、新年度は150億円の会社計画だった場合、どういった要因が増益要因で、どういった要因が減益要因なのか項目別に整理した上で、その金額を示すものである。項目内容は会社によって異なるが、「減価償却費の負担増」、「為替影響」など、できるだけ具体的な項目で示すことが望ましい。また、年によって項目が異なる、という事態が生じないよう留意する必要がある。項目が年によって異なってしまうと、経年分析ができなくなってしまうためである。作成に携わる経理担当者が異動して変わった場合に特に起きやすいため、注意が必要である。

　なお、営業利益ではなく、業界によっては経常利益や当期純利益で分析する場合もある。

第5節 中期経営計画の目標値は目標年前の数値も

　第3節、第4節は新年度の会社計画だったが、中期経営計画は、3〜5年程度の会社計画である。新年度の会社計画と異なり、売上高、営業利益、経常利益、当期純利益の全ての項目を開示しているケースは少なく、売上高と営業利益のみを目標値として開示していることが多い。事業セグメントが複数ある場合には、事業セグメント別に売上高、営業利益を作成しておく必要がある。

　期間としては、3年とするケースが多い。アナリストがDCF法で企業価値評価をすることを考えると、売上高と営業利益のみでは不十分で、設備投資と減価償却費も必要になる。3年後の中期経営計画の目標値を開示する、とした場合、3年後の目標値だけでなく、1年後、2年後、3年後と、経年で目標値を開示した方が望ましい。また、海外展開している会社の場合には、為替前提をいくらにしているかも公表する必要がある。

　中期経営計画は、会社側はどういった中期的な先行きを考えているかを表す指標になるため、理想としては、毎年、目標値の見直しをかけて、先行きがどうなるかを外部に示すことが望ましい。

●中期経営計画の目標値として最低限、情報開示が望ましい項目
売上高（セグメント別）、営業利益（セグメント別）、設備投資、減価償却費、為替前提

第6節 月次データの整備・公表は決算発表時の株価の乱高下を回避

　第5節までは先行きの予想を中心とした話だったが、第6節は、直近の情報提供の話である。直近の情報提供としては、月次データを公表する方法がある。具体的には、月次売上高や月次受注高である。小売業界では比較的多く実施されている情報開示であるが、商社や製造業などでも行われている。また、業界の市場データを月次データとして開示するケースもある。月次データの公表のメリットは、好材料や悪材料を早く公表することで、決算発表時における株価の乱高下を回避することである。

　2018年4月から施行されたフェア・ディスクロージャー・ルールでは、進行期間中の業績に関わる情報開示については、公開公知化を求めている。従って、月次データを情報開示する場合には、TDnetを通じた適時開示か、コーポレートサイトでの開示を行う必要がある。

　進行期間中に当たらない月次データについても、TDnetを通じた適時開示か、コーポレートサイトでの開示にした方が、情報開示の公平性の観点から望ましい。

第7節 資本政策の考え方は配当性向の明示が望ましい

　実績や会社計画に関するデータの他に開示項目として重要なのは、資本政策の考え方である。具体的には、配当性向や自社株買いのスタンスなどである。配当性向とは、

$$配当性向（\%） ＝ \frac{1株当たりの配当額}{1株当たりの当期純利益} \times 100$$

のことである。単に安定配当というだけでなく、配当性向を政策的に明示した方が、業績予想の水準に応じて、先々の配当がどれだけ見込めるのかがより実態に近づいた形で予想できる。
　また、配当に自社株買いを加えた総還元性向という指標もある。利益がどれだけ株主に還元されたかを表している。

$$総還元性向（\%） ＝ \frac{配当支払総額＋自社株買い総額}{親会社株主に帰属する当期純利益} \times 100$$

第8節 ビジネスモデルの特徴は業績予想の重要な手がかり

1) 製品・サービスの市場シェア

アナリストの企業価値評価に直接関係する情報開示項目ではないが、事業会社からの開示項目としてきちんと整備されていないものが、ビジネスモデルの特徴である。ビジネスモデルの特徴がつかめれば、外部環境の変化が生じた際にも予想の修正もしやすくなる。

ビジネスモデルの特徴として最初に重要な項目は、製品・サービスの市場シェアである。業界統計が整備されている業界であれば、推計はしやすいが、整備されていない業界の場合は、提示することは難しい。しかしながら、対外的に「シェアNo.1」と説明しているのに、それがどれくらいのシェアなのかを証拠を持って提示できないのは考えものである。このような場合には、市場シェアを推計して提示することを試みる必要があるだろう。

2) 製品・サービスの競合

次に重要な項目は、競合情報である。製品・サービスごとにどういった競合がいるのかを対外的に明示することが求められる。単一製品・単一サービスの会社の場合、比較的特定しやすいが、複数の事業を扱っている場合、製品・サービスごとに競合情報を整備する必要がある。

3) 製品・サービスの用途先

第三に重要な項目は、製品・サービスの用途先である。どういった業界が用途先（顧客）になっているのかを分かりやすく説明することが求められる。主要取引先が明示できることが望ましいが、取引先との契約の関係上、情報開示できない場合も考えられる。このため、少なくともどういった業界が用途先になっているかは開示した方が良いだろう。

4）強み

　ビジネスモデルの特徴の中で最も重要な項目は、強みが何なのかを端的に説明できることである。強みの源泉について、きちんと説明しない会社が非常に多い。市場シェアが高いことではなく、なぜ高い市場シェアを得られることになったのか、それが強みだと思われるが、高シェアを前面に出して説明してしまうケースがある。強みがどこにあるかを見出すには、会社の沿革も踏まえて特定する必要がある。

5）業界統計の有無

　ビジネスモデルを理解する上で重要な項目が、業界統計の有無である。業界統計があれば、直近でどのような状況に置かれているかを推測できる。直接該当する業界統計がなかったとしても、類似の業界統計をみることで、先行きが予想できる場合もあるため、参考指標は何なのかを特定して説明できるようになることが求められる。

　例えば、ある自動車部品で、その部品に関する業界統計がなかったとしても、完成品である自動車の業界統計は整備されているため、ある程度のトレンドはつかむことができるだろう。

6）類似業界の有無

　類似業界があるかどうかを把握しておくことも重要である。市場規模が大きな業界の場合はともかく、それほど市場規模が大きくない業界である場合、業界統計が得られず、直近の状況把握が難しいことが考えられる。そのような場合には、類似業界があると、状況把握の助けになる。例えば、会社が扱っている製品が建設用途の製品である場合、建設機械そのものではなかったとしても、建設機械業界の市場動向で状況が説明できる場合がある。類似業界はできるだけ市場規模の大きな業界の方が外部も理解しやすい。

7）成長ストーリー

　最後に重要な項目が成長ストーリーである。数値目標としては、中期経営計画で示すことは可能だが、どのように事業成長していくかを会社として説

明できるようにしておく必要がある。成長ストーリーがしっかりしていれば、アナリストのカバーも増えやすくなる。

　以上のような項目の情報開示が、アナリスト側が企業価値評価をする上で求められることになる。分析する側として必要な項目であるが、分析される側である事業会社としても、把握しておくべき重要な項目である。任意の情報開示項目ではあるものの、結果的に、経営の意思決定の参考情報になるため、作成しておいて損のない項目ばかりである。

第4章

投資家・アナリストの考え方を理解する

第1節 投資家・アナリストの評価軸とは

　第4章では、投資家・アナリストの考え方について取り上げる。IR担当者として情報開示をするには、開示先である投資家・アナリストの投資判断に対する評価軸を理解しておく必要がある。切り口の視点としては、

1）業績の前年同期比での評価
2）比較対象との相対評価
3）先行きに対する評価
4）株価水準に対する評価
5）投資対象・カバー対象となり得るかの要件確認
6）株主還元策に対する評価

の6つの視点があり、17の個別論点がある。以下、個別に説明していく。

1）四半期業績の前年同期比がプラスかどうか

　基本的な評価軸は、四半期業績で判断する、ということである。四半期業績とは、3カ月単位の業績である。業績とは、売上高、営業利益、経常利益、純利益の4項目である。この他、受注高、受注残高、生産高、受注台数、販売台数、生産台数など、業界や企業によって、情報開示項目は異なるものの、前年同期比でみた場合に、プラスかマイナスかをチェックするのが基本である。大型機械を扱う会社など、累計四半期でみた方が無難なケースもあるが、株式市場では3カ月単位で決算発表があるため、3カ月単位の業績で評価されてしまうことに注意を要する。会社側が累計四半期でみてほしいと思っていても、株式市場はそうはみてくれないのである。

2）利益と受注の増減と増減率がどう変化したか

　とりわけ重要なのは、利益と受注の増減がどう変化したかである。利益の中では、本業である営業利益が前年同期比で増えたのか、減ったのかがよく見られる。受注は、受注高または受注台数などである。受注の変化が重要なのは、企業業績の先行きを表す指標であるためである。受注から売上までのリードタイムが長い会社の場合には、受注高よりも受注残高でみる方が適している場合もある。この場合、四半期の受注高で投資家やアナリストが一喜一憂してしまうリスクがあるため、受注高が前年同期比でマイナスになった場合、なぜマイナスになったのか、丁寧な説明をする必要がある。また、増えたか減ったかだけでなく、増減率がどう変化したかも評価される。例えば、営業利益の増加率が、前の四半期決算よりも増えている（強まっている）場合には、評価は上がる。逆に、増加率が前の四半期よりも縮小している（弱まっている）場合には、評価は下がる。また、営業利益の減少率が前の四半期決算よりも増えている（より悪くなっている）場合には、評価は下がる。逆に、減少率が前の四半期よりも少なくなっている（縮小している）場合には、評価は上がる。増減そのものと、増減率の変化の2つをアナリスト・投資家はみているのである。

3）利益率がどう変化したか

　また、利益率がどう変化したかも重要である。利益率が改善していれば、より多くの利益を生む可能性が高くなるため、投資家やアナリストの評価も良くなる。逆に、利益率が悪化していれば、評価は悪くなる。

4）BBレシオがどう変化したか

　BBレシオ（Book-to-Bill Ratio）がどう変化したかも重要である。BBレシオとは、受注額を出荷額（売上高）で割った指標である。

● BBレシオとは

$$\frac{受注額}{出荷額（売上高）} = 1以上 \Rightarrow 好調$$

$$= 1未満 \Rightarrow 不調$$

　1を超えていれば先行きの仕事量が増えていて景気は上向き、1を割り込んでいれば先行きの仕事が減っていて景気は下降気味、という見方になる。この指標は簡便だが、先行きを推し量る上で重要な参考指標となることから、1を超えている状態が続くことが投資家やアナリストにとって望ましい姿と言える。従って、1を超えていれば評価は良く、1を下回っていれば、評価は下がる、ということになる。

5）利益実績が会社計画比でどうだったか

　前年同期比や利益率の変化の他に、会社計画比でどうだったかも評価対象になる。特に対象となるのは、利益計画である。終わった四半期の利益実績が、対外公表している会社計画に比べて高ければ、投資家やアナリストの評価も良くなる。利益実績が会社計画を上回っていれば、売上実績が会社計画を下回っていても、それほど重要ではない。受注計画を対外公表している場合には、終わった四半期の受注実績が対外公表している会社計画に比べてどうだったかも評価対象になる。

6）市場コンセンサス予想対比でどうだったか

　会社計画の他に、市場コンセンサス予想対比でどうだったか、も評価対象になる。市場コンセンサス予想とは、セルサイド・アナリストがアナリスト・レポートで予想する業績予想値の平均値である。終わった四半期の利益実績が、市場コンセンサス予想の数値よりも高ければ、投資家やアナリストの評価も良くなる。逆に、終わった四半期の利益実績が市場コンセンサス予想を下回っている場合には、投資家やアナリストの評価も下がることになる。
　市場コンセンサス予想は、終わった四半期の実績値だけでなく、その先の

期についても予想値が存在する。従って、例えば、第4四半期の決算発表の場合には、終わった期の通期実績に加え、新年度の会社計画が開示されるため、終わった期の実績値と、新年度の会社計画値の両方が市場コンセンサス予想と比較されることになる。

　市場コンセンサス予想は、Bloomberg（ブルームバーグ）や日経QUICK、IFIS（アイフィス）などで集計している。Bloomberg や日経QUICK は、サービス契約をしていないと見ることは不可能である。しかし、IFIS は、IFIS 株予報というインターネットサイトで個別企業ごとに市場コンセンサス予想が得られる。

　大型株企業の場合には、複数社のアナリスト予想があり、その平均値が市場コンセンサス予想となっている。しかし、中小型株の場合、アナリスト予想が1社しかなかったり、アナリスト予想自体がなかったりする（どの会社のアナリストもカバーしていない）ケースがみられる。また、予想の掲載内容や掲載頻度は、アナリストによってまちまちである。

　なお、市場コンセンサス予想に準じるものとして、会社四季報予想がある。会社四季報予想は、東洋経済新報社の『会社四季報』に掲載されている予想値である。東洋経済新報社の記者が取材し、毎四半期、予想値を更新している。市場コンセンサス予想と異なり、上場企業全社を網羅している。誰でも購入でき、機関投資家を含め、多くの投資家が参考にしていることから、市場コンセンサス予想と同様に比較してみられることになる。

7）社内計画を外部は知らない

　四半期業績が前年同期比でプラスなら良い、マイナスなら悪い、と考えるのが評価の基本だが、上場企業の社内では、「社内計画比でどうだったのか」が評価基準である。しかし、外部の投資家やアナリストにとっては、社内計画は、情報開示されていなければ、知らないものである。従って、対外的な説明としては、「前年同期比でどうだったのか」、「どういった要因で増益となったのか」、「どういった要因で減益になったのか」、などを説明できるようにする必要がある。また、対外計画と社内計画の数値が異なる場合、社内計画比で説明すると、矛盾が生じる可能性がある。あくまで対外計画をもと

に説明する必要があるのである。

8）先行きの業績がどうなるかが最も重要

　さらに、先行きの業績がどうなるか、が最も重要である。例えば、終わった四半期業績の内容が悪くても、次の四半期業績の内容が改善すると分かっている場合には、投資家・アナリストの評価は上がる。理由としては今後、業績が改善することで、より多くの利益を生むことになるためである。逆に、終わった四半期業績の内容が良くても、次の四半期業績の内容が悪化すると分かっている場合には、投資家・アナリストの評価は下がる。理由としては今後、業績が悪化することで、生み出す利益が減ることになるためである。

　また、大規模な投資を実施する場合には、投資によってコスト増加が生じるリスクが上がることになるため、どのようなリターンを得るつもりなのかを説明する必要がある。

9）業界の先行きがどうなるかも重要

　また、先行きの業績をみる上で、属している業界の先行きがどうなるかも重要である。例えば、あるロボットメーカーの投資判断をする場合には、ロボット業界全体の受注が今後良くなる状況にある場合には、そのロボットメーカーの業績の先行きも改善する見方をされやすくなる。逆に、業界全体の受注が今後悪くなる状況にある場合には、そのロボットメーカーの業績の先行きも悪化が懸念される評価を受けやすくなる。

10）業界との比較で業績がどうなのか

　また、業界との比較で業績がどうなのかも見られることになる。例えば、業界全体の受注高が大幅に拡大している時に、ある会社の受注高が減少していた場合には、その会社は市場シェアを落としているとみられ、業界内での地位が低下している、と見られてしまうリスクが生じる。逆に、業界全体の受注高が大幅に減少している時に、ある会社の受注高が拡大していた場合には、その会社は市場シェアを上げているとみられ、業界内での地位が向上している、と見られる可能性が生じる。

11）競合との比較で業績がどうなのか

　競合との比較で業績がどうなのかも見られることになる。例えば、ある会社の売上高が大幅に減少している時に、競合の売上高が増加していた場合には、その会社は市場シェアを落としているとみられ、業界内での地位が低下している、と見られてしまうリスクが生じる。業界全体で比較するか、競合と比較するかの違いだけで、視点は同じである。

12）株価水準がどうなのか

　業績の実績や先行きの方向性に加え、株価水準がどうなのかも見られることになる。例えば、投資対象として検討している会社について、終わった四半期の業績が悪くても、先行きの業績が改善する可能性が高く、株価水準が低ければ、投資対象になりやすい。同様に、会社の業績の先行きが改善する場合でも、その会社の株価水準が高ければ、投資対象とはなりにくい。

13）時価総額が投資対象・カバー対象になるか

　時価総額（株式時価総額）とは、上場企業の株価に発行済株式総数を掛けたものであり、投資対象となるかを判断する際の指標である。発行済株式総数とは、ここでは、自社株控除後のものを指す。自社株（自己株式）は、株式市場に出回らないためである。

　●時価総額の数式

　時価総額（円）　＝　株価（円）　×　自社株控除後発行済株式総数（株）

　自社株控除後発行済株式総数　＝　発行済株式総数　－　自社株数

　時価総額は、株式市場の取引によって日々変動するが、時価総額が大きければ、企業としての信用力も上がり、より資金調達がしやすくなる。また、投資家にとっては、株式売買をする際の流動性も大きくなるため、時価総額が小さい企業に比べ、売買がしやすくなる。機関投資家が投資する場合には、時価総額が一定規模以上、確保されていることが必要になる。

理由としては、いざ売買する際に、自らの株式売買取引によって株価が大きく変動してしまったり、株式売買そのものが成立しにくくなったりするリスクが増すためである。機関投資家によって投資対象となる基準は異なるものの、日本の株式市場においては、中小型株であれば時価総額100億円以上、大型株であれば2,000億円以上が一つの基準になる。

14) 売買代金が投資対象・カバー対象になるか

売買代金とは、株式市場で売買が成立した金額のことである。売買代金は、株式市場全体の取引が活発に行われているかどうかの判断基準になる。売買代金が大きいということは、株式取引が盛んで流動性があり、売買代金が小さいということは株式取引が閑散としていて流動性に乏しい、ということになる。

機関投資家が投資する場合には、売買代金が一定規模以上、確保されていることが必要になる。時価総額と同様、理由としては、いざ売買する際に、自らの株式売買取引によって株価が大きく変動してしまったり、株式売買そのものが成立しにくくなったりするリスクが増すためである。機関投資家によって投資対象となる基準は異なるものの、日本の株式市場においては、25日平均で売買代金1億円以上が一つの基準になる。

15) カバーアナリスト数が一定数いるか

カバーアナリスト数とは、アナリスト・レポートを発行しているアナリストの社数である。時価総額が2,000億円を超える大型株企業の場合には、複数社のカバーアナリストがいることが多い。しかしながら、2,000億円を下回る中小型株企業の場合には、カバーアナリストが1社もいないことがある。2,000億円を超えていても、何らかの事情でカバーアナリストが1社もいない場合がある。カバーアナリスト数が多い場合、企業への投資対象としての信用力も増すことになる。逆に、カバーアナリストが1社もいない場合には、信用力は低くなりがちである。理由としては、投資家にとっては、企業の情報開示内容と比較するセカンド・オピニオンがアナリストから得られないためである。

従って、IR担当者としては、カバーアナリスト数を増やす取り組みが求められる。

16）情報開示姿勢がしっかりしているか

　情報開示姿勢とは、上場企業の情報開示に関するスタンスである。1) アナリスト・機関投資家向け決算説明会を実施しているか、2) 決算説明資料は広く開示されていて情報にアクセスしやすいか、3) IR取材対応は容易か（地方に本社がある場合、東京で取材対応可能か）、4) IR取材対応に公平性があるか、5) 業績の説明は的確か、などが主な視点である。業績が良くても、情報開示姿勢が極端に悪い場合には、投資対象としては扱いにくい。理由としては、業績が悪くなった際に都合の悪い情報は開示しない恐れがあるためである。また、全くIR取材対応しない会社の場合には、情報の裏取りができないため、投資先にはなりにくい。アナリストのカバレッジの可否についても、同様の視点である。

17）株主還元への評価

　株主還元への評価は、投資家が意識する内容である。具体的には、配当性向、配当利回り、自社株買いの実施状況、などである。配当性向を引き上げたり、自社株買いを実施するなどで株主還元策を強化したりした場合には、投資家からの評価は上がる。しかし、やみくもに還元すれば良いわけではなく、利益成長があることや、成長のための投資を行っていることが前提になる。自社株買いとは逆に、増資する場合には、どういった用途で資金調達をするのかを説明する必要がある。増資は、既存の株主にとっては、株式の希釈化を招くことになるため、忌み嫌われる。

　全体としては、これらの要素を総合的にみて、投資家やアナリストは投資判断やカバレッジの可否の判断をすることになる。

第2節 投資家・アナリストの株式投資に関する評価指標

1）前年同期比

第2節では、投資家・アナリストの株式投資の評価指標について取り上げる。まず、第1節でも取り上げた前年同期比である。前年同期比は、全ての評価の基本となっている。

例えば、18年4-6月を分析する場合、その前年同期は17年4-6月である。

前年同期比は、比較する期間が1年間の場合は、「前期比」と言う。例えば、18年4月-19年3月と17年4月-18年3月とを比較する場合である。

ただし、同じ1年間でも、1-12月の暦年（カレンダーイヤー）の場合には、「前年比」と言う。また、1カ月単位の場合には、「前年同月比」と言う。例えば、18年4月と17年4月を比較する場合である。

一方、前四半期比とは、「前の四半期と比較すること」である。例えば、18年4-6月を分析する場合、その前四半期は18年1-3月である。比較する期間が1カ月単位の場合には、「前月比」と言う。例えば、18年4月と18年3月を比較する場合である。

2）PER（株価収益率、Price Earnings Ratio）

　PER（Price Earnings Ratio、株価収益率）は、時価総額を純利益で割ったものである。時価総額は、「株価×自社株控除後発行済株式総数」に分解される。純利益もまた、「1株当たり純利益（EPS、Earnings Per Share）×自社株控除後発行済株式総数」に分解される。従って、時価総額と純利益をそれぞれ自社株控除後発行済株式総数で割ると、株価と1株当たり純利益が残ることになるので、株価を1株当たり純利益で割ったものもPERになる。なお、純利益は、厳密には「親会社株主に帰属する当期純利益」のことである。

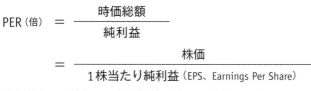

$$
\text{PER（倍）} = \frac{\text{時価総額}}{\text{純利益}}
$$

$$
= \frac{\text{株価}}{\text{1株当たり純利益（EPS、Earnings Per Share）}}
$$

時価総額 ＝ 株価 × 自社株控除後発行済株式総数
純利益　 ＝ 1株当たり純利益（EPS）× 自社株控除後発行済株式総数
自社株控除後発行済株式総数 ＝ 発行済株式総数 － 自社株数

　PERは、次のPBRと並んで、上場企業の株式投資では広く使われている指標である。競合他社との比較で割安か割高かをみる上でよく使われる。PERは、数値が高ければ割高、低ければ割安と判断する。絶対的な基準値があるわけではなく、競合比較や今後の成長性などを勘案しながらみていくことになる。PERの弱点は、赤字企業の場合、この指標は使えないことである。赤字の場合、他の指標を使わざるを得ない。

3）PBR（株価純資産倍率、Price Book-value Ratio）

PBR（株価純資産倍率、Price Book-value Ratio）は、時価総額を自己資本で割ったものである。

PERと同様、時価総額は「株価×自社株控除後発行済株式総数」に分解される。自己資本もまた、「1株当たり純資産（BPS、Book-value Per Share）×自社株控除後発行済株式総数」に分解される。従って、時価総額と自己資本をそれぞれ自社株控除後発行済株式総数で割ると、株価と1株当たり純資産が残るため、株価を1株当たり純資産で割ったものもPBRになる。

$$\text{PBR（倍）} = \frac{\text{時価総額}}{\text{自己資本}}$$

$$= \frac{\text{株価}}{\text{1株当たり純資産（BPS、Book-value Per Share）}}$$

自己資本 ＝ 純資産 － 非支配株主持分 － 新株予約権
時価総額 ＝ 株価 × 自社株控除後発行済株式総数
自己資本 ＝ 1株当たり純資産（BPS）× 自社株控除後発行済株式総数
自社株控除後発行済株式総数 ＝ 発行済株式総数 － 自社株数

PBRは、1倍を下回っていると割安とされており、1倍が一つの目安になる。

4）ROE（自己資本利益率、Return On Equity）

ROE（自己資本利益率、Return On Equity）は株主が出資した資本でどれだけの利益を獲得したかを表す財務指標である。高い方が望ましい。

分子は当期純利益としているが、正確には「親会社株主に帰属する当期純利益」を使う。また、分母の自己資本は、原則として、期首（前期末）の値と期末の値の平均値を使う。平均値を使わずに同じ年度で計算するのみのケースもある。

$$\text{ROE（\%）} = \frac{\text{親会社株主に帰属する当期純利益}}{\text{自己資本}} \times 100$$

5) ROIC（投下資本利益率、Return on Invested Capital）

　ROIC（投下資本利益率、Return on Invested Capital）は、事業に使ったお金からどれだけの利益を出したかを表す財務指標である。

　ROICは、①の式で表される。これをさらにブレークダウンすると、調達面（②）と運用面（③）の2通りに分かれる。本書では原則、調達面とする。

$$\text{ROIC（\%）} = \frac{\text{税引後営業利益}}{\text{投下資本}} \times 100 \cdots ①$$

$$= \frac{\text{営業利益} \times （1 - \text{実効税率}）}{\text{自己資本} + \text{有利子負債}} \times 100 \quad \begin{array}{l}\text{調達面} \\ \text{（原則）}\end{array} \cdots ②$$

$$= \frac{\text{営業利益} \times （1 - \text{実効税率}）}{\text{固定資産} + \text{運転資本}} \times 100 \quad \text{運用面} \cdots ③$$

　分子の税引後営業利益とは、営業利益から法人税などの実効税率分を差し引いたものである。「NOPAT（Net Operating Profit After Tax）」と呼ばれる。実効税率とは、法人税、住民税、事業税の表面税率を使って所定の方法で計算される総合的な税率のことである。

　分母の投下資本とは、事業活動に投じた資金である。具体的に投下資本を表したのが②の式である。調達面での分母は、自己資本＋有利子負債である。自己資本は「自社及び株主から調達する資本」で、有利子負債は借入金や社債であるので、株主と債権者の双方にとっての投下資本効率を表している。

　なお、自己資本の代わりに株主資本や純資産となっているものもあるが、本書では自己資本とする。

　一方、運用面からみたものが③の式で、固定資産＋運転資本で構成されている。運転資本の中身は正味運転資本で、流動資産－流動負債で表すが、正味運転資本の代わりに必要運転資本（売上債権＋棚卸資産－仕入債務）で表す場合もある。

6）DCF法

DCF法（Discounted Cash Flow Method）とは、企業価値評価の手法の一つである。会社が生み出す将来価値をフリー・キャッシュ・フロー（FCF,Free Cash Flow）で推計し、WACC（Weighted Average Cost of Capital）と言われる加重平均資本コストを割引率として割り引いて現在価値に換算して、企業価値を算定する。

図表4-2　DCF法のイメージ

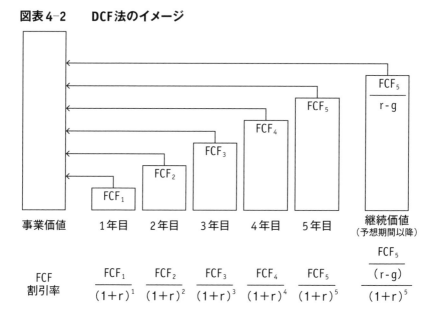

●フリー・キャッシュ・フローの数式

FCF ＝ EBIT（1－実効税率）＋ 減価償却費 － 設備投資 － 運転資本の増減

注）EBIT（Earnings Before Interest and Taxes）は、ここでは営業利益とする

● WACC（加重平均資本コスト）の数式

$$WACC = R_E \times \frac{E}{E+D} + R_D(1-t) \times \frac{D}{E+D}$$

R_E：株主資本コスト　R_D：負債コスト　E：株主資本　D：有利子負債　t：実効税率

DCF法では、将来のキャッシュ・フローを予想し、WACCで割り引いた後、最終的に理論株価を算定する。理論株価が実際の株価より高ければ割安、実際の株価の方が高ければ割高、ということになる。アナリストが発行するアナリスト・レポートでは、このDCF法による理論株価の算定が、投資判断の基本になっている。

　将来のキャッシュ・フローを予想するには、1) 営業利益の予想値、2) 減価償却費の予想値、3) 設備投資の予想値、4) 運転資本の増減の予想値が必要である。

　IR担当者としては、DCF法そのものを駆使するわけではないため、DCF法の考え方を理解する程度で十分である。

　ここで理解しておきたいことは、1) 投資判断を決めるのは将来予想値がもとになること、2) 減価償却費の予想値、設備投資の予想値がDCF法の算定では必要であること、ということである。

　会社として公表する減価償却費や設備投資の予想値がない場合、アナリストは独自に予想値を作成せざるを得ない。従って、IRでは、減価償却費と設備投資の会社計画値を集計し、公表することをアナリストや機関投資家が求めていることを認識しておく必要がある。

　また、企業価値算定の際に使うWACCと言われる割引率は、株主資本コストと負債コストの2つから構成される。株主資本コストは、ROEと比較する指標であり、WACCはROICと比較する指標であることも認識しておく必要がある。

ROE ＞ 株主資本コスト

ROEが株主資本コストを上回っている場合には、株主が要求するリターン（株主資本コスト）以上にROEを稼げていることになる。

ROE ＜ 株主資本コスト

一方で、ROEが株主資本コストを下回っている場合、企業は株主が要求するリターン（株主資本コスト）を満たせていないことになる。

ROIC ＞ WACC（加重平均資本コスト）

また、ROICがWACCを上回っている場合には、投資家（債権者と株主）が要求するリターン（WACC、加重平均資本コスト）以上にROICを稼げていることになる。

ROIC ＜ WACC（加重平均資本コスト）

一方で、ROICがWACCを下回っている場合、投資家（債権者と株主）が要求するリターン（WACC、加重平均資本コスト）を満たせていないことになる。

なお、株主資本コストは、次の数式で計算される。

●株主資本コストの数式

$$R_E = r_f + (R_M - r_f)\beta$$

r_f：リスクフリーレート　R_M：株式市場全体の期待収益率　β：個別企業のベータ値

第3節 投資家・アナリストの株主還元に関する評価指標

1）配当性向

　第3節では、投資家・アナリストの株主還元に関する評価指標を取り上げる。配当性向は、利益の中からどれだけ配当の支払いに回したかを表す指標である。配当の支払いについて、どれほど余力があるかが分かる。株主にとっては、配当性向は高い方が多くの配当を得られるので望ましい。半面、企業の継続的な成長を考えると、設備投資にも資金を回す必要があるため、配当性向が高い会社＝良い会社、という図式が必ず成り立つわけではない。継続的な成長とのバランスが大事である。

$$
配当性向（\%） = \frac{配当金総額}{親会社に帰属する当期純利益} \times 100
$$

$$
= \frac{1株当たり配当額}{1株当たり当期純利益} \times 100
$$

2）配当利回り

　配当利回りは、購入した株価に対し、1年間でどれだけの配当を受けることができるかを示す指標である。配当利回りは、配当性向と同様、高い方が望ましい。配当金額が同じで購入株価が高いと配当利回りは下がり、購入株価が低いと配当利回りは上がることになる。

$$配当利回り(\%) = \frac{1株当たり配当金}{株価} \times 100$$

3）自社株買い

　企業が自社株を購入することである。株主にとっては、自社株控除後の発行済株式総数が減ることで、1株当たりの配当金の増加などが期待できる。従って、自社株買いは投資家にとってはメリットがある。

4）増配

　増配とは、配当を増やすことである。企業が配当を増やすことは、株主にとってはメリットがある。大幅増益の年や会社の記念の年に増配する時、特別配当、記念配当などとして、通常の配当に上乗せしたことを表明する場合がある。

5）増資

　増資とは、株式発行により資金調達を行うことである。増資は株式会社の発行する株式数が増えるため、1株が表す株式の権利内容が小さくなることになる。従って、既存の株主にとっては、ディメリットである。

6）総還元性向

　総還元性向は、企業における株主還元の度合いを表す指標の一つである。配当性向の分子に自社株買いを加味する。株主にとっては、配当性向と同様、高い方が多くの還元を得られるので望ましいが、企業の事業成長のバランスも踏まえて見る必要がある。

$$総還元性向(\%) = \frac{配当支払総額＋自社株買い総額}{親会社に帰属する当期純利益} \times 100$$

機関投資家の投資スタンスの違い

　第1章にて、機関投資家とは、顧客から拠出された資金を運用・管理する法人投資家の総称であり、投資顧問会社、生命保険会社、損害保険会社、信託銀行、投資信託会社、年金基金などが主なものであると説明した。第4節では、機関投資家の投資スタンスの違いについて、さらに取り上げる。

1）短期売買か長期売買か

　第一に、短期売買か長期売買かの違いである。短期売買の例は、ヘッジファンドが挙げられる。

　ヘッジファンドとは、様々な手法を用いて利益を追求する投機的なファンドのことである。公募により資金を集める投資信託とは異なり、機関投資家や富裕層等から私的に集めた資金を、デリバティブや空売りを含めた様々な手法で運用するファンドである。

　株式の場合、売りと買いの両方でリターンを追求するため、株価が上昇する情報、株価が下がる情報の双方を必要としている。例えば、ある上場企業が決算発表する際に、一般的な投資家としては、好決算が出て株価が上昇することに期待しているが、ヘッジファンドの場合、悪い決算が出て株価が下落することにも期待しているわけである。従って、株価が大きく変動する情報に敏感である。

　一方、長期売買の例としては、年金運用に携わる年金基金などがある。長期売買をする投資家は、中長期投資家と呼ばれる。四半期業績を気にはするものの、競争力の源泉がどこなのか、経営者の人となりはどんな風なのか、どんな戦略を講じるのか、などの会社の競争力の確認が多い。

2）提案型か否か

　第二に、提案型か否かの違いである。提案型の例は、アクティビストが挙げられる。

　アクティビストとは、ある会社の株式を一定以上保有し、自己利益の最大化を目指すことを目的に、投資した会社の経営陣へ積極的に提言を行うことで企業価値向上を目指す投資家である。「物を言う株主」とも呼ばれる。

　アクティビストは、上場企業側にとって友好的か敵対的かで異なる。友好的アクティビストの場合、投資先の合意を得るべく提案をするが、敵対的アクティビストの場合、上場企業側の合意が得られない対応を採る場合もある。友好的か敵対的かどうかは、投資先である上場企業の受け取り方によって異なるものの、企業価値を向上させてリターンを得ようとする点では、どちらも共通している。

3）大型株か中小型株か

　第三に、大型株か否かの違いである。本書では、時価総額2,000億円以上を大型株、2,000億円未満を中小型株とする。大型株主体で投資する機関投資家の場合、そもそも中小型株は投資対象とはなり得ない。逆に、中小型株主体で投資する機関投資家の場合、大型株は投資対象とはなり得ない。投資対象とするターゲットは、機関投資家でも担当者によって異なるため、IR取材対応時に担当者自身に投資スタンスを確認しておくことが望ましい。

第5節 セルサイド・アナリストの違い

　機関投資家と同様に、いわゆるセルサイド・アナリストもまた、担当企業のカバースタンスが異なっている。

1）セクター制の違い

　証券会社に所属するセルサイド・アナリストの場合、多くはセクター制を敷いている。機械セクター、小売セクター、建設セクターといった、アナリストごとに担当している業種があり、その業種に関する上場企業をカバーする。中堅証券会社では、複数のセクターを兼務して担当している場合もある。また、大型株は業種別で、中小型株は中小型株セクターとして、独立して担当アナリストを設けている場合もある。中には中小型株のみに特化して、中小型株の中でセクター制を設けている場合もある。

　IR取材で対応するに当たっては、IR担当者が所属する上場会社が果たしてセルサイド・アナリストにとって担当企業になり得るのかを把握しておくことが重要である。担当セクター企業になり得ないアナリストにいくらアナリスト・レポートを書いてくれることを期待しても、セルサイド・アナリストにとっては難しい相談だからである。

　例えば、大型株しか扱わないセルサイド・アナリストの場合、中小型株企業がいくらIR取材対応をしても、アナリスト・レポートを書いてくれる可能性は低い。理由としては、担当している大型株企業の裏付け情報を得ようとして取材している可能性が高いためである。

　また、精密セクター担当のセルサイド・アナリストが機械セクターに属する上場企業を取材しても、アナリスト・レポートを書いてくれる可能性は低い。精密セクターが担当分野だからである。精密セクターの担当企業の裏付け情報を得ようとして取材している可能性が高い。

2）毎四半期更新か、随時更新かの違い

　セルサイド・アナリストが首尾良くアナリスト・レポートを書くことになった場合でも、毎四半期更新か、随時更新かによってアナリスト・レポートの更新頻度は異なる。毎四半期更新するスタンスで対応しているセルサイド・アナリストの場合、決算発表の度に最新のアナリスト・レポートを発行する。一方、随時更新するスタンスで対応しているセルサイド・アナリストの場合、決算発表の度にアナリスト・レポートを発行してくれるとは限らない。四半期によっては、IR取材をしてもアナリスト・レポートを書かない場合もあり得る。また、個別企業レポートとしては書かずに、業界メモや業界レポートの形で取り上げるケースもある。この場合には、単発での取り上げの可能性が高い。

　毎四半期更新か、随時更新かはセルサイド・アナリスト本人の判断によるところだが、明確に言わないケースもあり得るため、IR取材対応した場合には、四半期決算が締まる前後にアナリスト・レポートを発行したかどうかをセルサイド・アナリストに確認するのがスタンスを知る確実な方法である。

3）カバー済か未カバーかの違い

　カバー済か未カバーかでも違いがある。IR担当者が理解しておきたいのは、セルサイド・アナリストの影響力である。セルサイド・アナリストは、アナリスト・レポートを通じて株式市場に見解を出すことで、上場企業の株価に直接、影響を与える力を持っている。アナリスト・レポートは、機関投資家にとってはセカンド・オピニオンであり、決算発表後に早期にチェックしたいものである。

　従ってもし、カバー済のセルサイド・アナリストの取材対応を軽視した態度をとると、セルサイド・アナリスト本人だけでなく、セカンド・オピニオンとしてチェックしている機関投資家にも悪影響を与える恐れがある。理由としては、セルサイド・アナリストはアナリスト・レポートを発行するだけでなく、機関投資家と定期的に面談して、上場企業についてコメントしているからである。つまり、セルサイド・アナリスト一人の対応を軽視しただけで、機関投資家からのイメージも低下するリスクがあるのである。

さらに、既にアナリスト・レポートを発行しているセルサイド・アナリストは、担当企業のIR関連の表彰制度の評価に関わる場合がある。表彰に当たっては、セルサイド・アナリストの見解が評価材料になることがあるためである。従って、セルサイド・アナリストへのIR対応評価を極端に下げる行動をとると、IR関連の表彰制度で受賞する可能性が遠のくリスクが増すことになる。

　また、テレビやラジオの経済番組、経済新聞や業界新聞、経済誌などの経済メディアで見解を述べる場合もある。経済メディアがセルサイド・アナリストの見解を求めるためである。従って、セルサイド・アナリストの対応を軽視すると、経済メディアで誤ったコメントをされたり、経済メディアで取り上げてもらえなかったりする可能性が増すことになる。

　カバー済のセルサイド・アナリストだけでなく、未カバーのセルサイド・アナリストの対応にも注意が必要である。未カバーのセルサイド・アナリストの場合、カバー済のセルサイド・アナリストよりも上場企業の事業内容について、詳しくは理解していないことが多い。従って、IRの説明対応を軽視すると、事実と異なる情報を機関投資家に伝えてしまうリスクが生じる。個別企業レポートを発行していなくても、業界メモなどの形で機関投資家に向けてアナリスト・レポートを発行している場合があるためである。

　理想としては、カバー済のセルサイド・アナリストは、決算発表後、早期にIR取材対応しておくことが、対機関投資家向けでも重要であり、未カバーのセルサイド・アナリストについては、丁寧な説明を心がけて、早期にカバーしてもらう方向につなげる方が良いだろう。

第5章

制度開示を理解する

第1節 制度開示とは

　第5章では、制度開示について取り上げる。制度開示とは、法律や規則などのルールに準じて行う開示のことである。具体的には、第1章第1節で紹介した法定開示と適時開示から成る。以下に情報開示の区分と定義、制度開示と任意開示の違いを紹介するが、IRやPRは任意開示である。

図表5-1-1　情報開示の区分と定義

法定開示	金融商品取引法と会社法により義務付けられている情報開示
適時開示	証券取引所が義務付けている情報開示
IR	任意で開示する投資判断に有用な企業情報
PR	任意で開示する各ステークホルダーに有用な企業情報

図表5-1-2　制度開示と任意開示

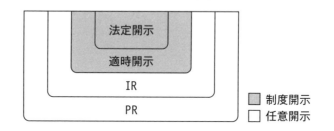

1）法定開示

　法定開示とは、「金融商品取引法と会社法により義務付けられている情報開示」である。金融商品取引法では、企業の事業内容や財務状況を記載した有価証券報告書や四半期報告書などを内閣総理大臣（財務省各地方財務局）に提出することが求められている。会社法では、株主を対象にした株主総会の招集通知などが規定されている。

2）適時開示

　適時開示とは、「証券取引所が義務付けている情報開示」で、決算短信や業績予想の修正リリースなどが開示例である。

　IRは任意開示であるが、実務上、IR担当者は制度開示も取り扱うことになるため、法定開示や適時開示を理解しておく必要がある。

第2節　適時開示とは

　第2節では、適時開示について取り上げる。適時開示とは、「証券取引所が義務付けている情報開示」である。適時開示は、東京証券取引所の上場規則（東京証券取引所の有価証券上場規程や有価証券上場規程施行規則）に則って行う。

　適時開示が求められる会社情報とは、投資者の投資判断に重要な影響を与える会社の業務、運営又は業績等に関する情報のことを指す。

　具体的には主に、決算情報、決定事実、発生事実の3つから構成される。上場企業は、決算内容が定まった場合（決算情報）、重要事実を決定した場合（決定事実）、重要事実が発生した場合（発生事実）、の3つのケースで速やかに公の情報として、適時開示を行う必要がある。

図表5-2-1　適時開示の構成

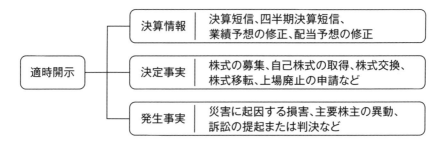

1）決算情報
（1）決算短信、四半期決算短信

　決算情報は、決算短信、四半期決算短信、業績予想の修正、配当予想の修正などである。決算短信及び四半期決算短信は、決算内容をまとめたものである。有価証券上場規程第404条によれば、決算の内容が定まった後、直ち

にその内容を開示しなければならないとしているが、期間については、何日以内との明確な規程はない。

　しかし、東京証券取引所では、遅くとも決算期末後45日以内に内容のとりまとめを行い、その開示を行うことが適当であるとしている（45日ルール）。また、30日以内での開示がより望ましく、50日以内に開示を行わない場合には、行わない理由及び翌年以降の開示時期についての計画と見込みを開示する必要がある、としている。

　なお、四半期報告書は、四半期末後45日以内に財務局に提出しなければならないため、実務上は遅くとも四半期報告書の提出までに開示しなければならない。

図表5-2-2　決算短信の主な内容

定性的情報（経営成績、財政状態、将来予想情報）
連結貸借対照表（B/S）
連結損益計算書（P/L）**及び連結包括利益計算書**
連結キャッシュ・フロー計算書（C/F）
セグメント情報（事業別、所在地別、仕向地別）

※C/Fは会社によっては第1四半期、第3四半期では載せない場合がある

　実務上、IR担当が関わることになるのは、決算短信の定性的情報の文言作成である。どのような決算内容だったかをセグメント別に記載していくことになる。決算短信は取締役会の審議事項になるため、決算発表当日に修正対応に迫られることのないよう、注意が必要である。

（2）業績予想の修正

　決算短信には、通常、上場企業の次年度または進行年度の会社計画（業績予想）が記載されている。有価証券上場規程第405条第1項によれば、開示している業績予想と直近の予想値に差異が生じた場合には、直ちにその内容を開示しなければならない。

　具体的には、有価証券上場規程施行規則第407条によれば、既出の前回予想値と、今回予想値とを比較した増減率、または既出の前回予想値と当期実績値とを比較した増減率が、売上高で10％以上、利益項目で30％以上の場

合、業績予想の修正開示が必要になる。利益項目は、営業利益、経常利益、当期純利益の3項目だが、当期純利益は、連結財務諸表作成会社の場合、親会社に帰属する当期純利益が該当する。また、IFRS（国際会計基準）適用会社の場合、利益項目は営業利益、税引前利益、当期利益、親会社の所有者に帰属する当期利益、になる。

図表5-2-3　業績予想の増減率の基準

売上高	10%以上
営業利益	30%以上
経常利益	30%以上
当期純利益	30%以上

　なお、IR実務上は、これに加えて、利益面で増益と減益が逆だったり、黒字と赤字が逆だったりしたケースに対しても、速やかな業績予想の修正開示が求められる。

　営業増益として業績予想を開示していたケースで、実際には営業減益だった、というプラスとマイナスが逆だった場合には、状況が判明した段階で早めに業績予想の修正開示を行っておくことが望ましい。

　例えば、第3四半期決算発表の段階で業績予想の達成が難しいと対外的にも分かるような状況であるのに、第4四半期決算発表を迎えるまで業績予想を修正しない、といった対応は、①先行きをきちんと予想できない会社なのか、②情報開示姿勢に問題がある会社なのか、といった疑念を外部から受けることになる。増益予想が減益実績になったり、黒字予想が赤字実績だったりするのは、公表時に自社の株価へ与えるマイナスインパクトが大きいため、投資家やアナリストの期待値コントロール上、できるだけ早めに修正開示して期待値を下げておくことが無難である。

（3）配当予想の修正

　決算短信には、通常、上場企業の次年度または進行年度の1株当たり配当予想が記載されている。有価証券上場規程第405条第2項によれば、剰余金

の配当について、予想値を算出した場合には、直ちに配当予想に関する開示が必要としている。

　業績予想の修正と異なり、配当予想の修正には数値的な修正基準は存在しない。しかし、業績予想が変わる場合には、配当予想の支払い原資の見込みも変わることになるため、業績予想の修正と同時に行うのが通常である。特に、配当性向の基準を明確にしている上場企業の場合には、業績予想が変わった場合には配当予想も連動して変わるため、同時に修正対応が必要である。

2）決定事実

　決定事実とは、会社が決定した重要事実のことである。具体的に主な例は、次の通りである。該当例は、有価証券上場規程第402条、第403条、第440条に記載されている。

図表5-2-4　決定事実の主な例

（1）　株式、自己株式、新株予約権の募集または売出し
（2）　自己株式の取得
（3）　株式の分割または併合
（4）　剰余金の配当
（5）　株式交換
（6）　株式移転
（7）　合併
（8）　会社分割
（9）　事業の全部または一部の譲渡または譲り受け
（10）業務上の提携または業務上の提携の解消
（11）子会社等の異動
（12）上場廃止の申請
（13）破産手続開始、再生手続開始または 　　　更生手続開始の申し立て
（14）公開買付けまたは自己株式の公開買付け
（15）公開買付けに関する意見表明等
（16）代表取締役または代表執行役の異動
（17）商号または名称の変更
（18）事業年度の末日の変更
（19）買収防衛策の導入、発動、変更または廃止　　　など

増資や自己株式の取得、代表取締役の異動など、例が多くあるが、連結財務諸表作成会社の場合、親会社だけでなく、子会社の決定事実も対象となる点に注意を要する。開示のタイミングとしては、業務執行決定機関の決定後直ちにである。子会社の場合には、子会社の業務執行決定機関となる。

3）発生事実

　発生事実とは、会社に発生した重要事実のことである。具体的に主な例は、次の通りである。該当例は、有価証券上場規程第402条に記載されている。特に注意したいのは、災害や事故が発生した際や、決算発表が遅延した際に速やかな情報開示が求められる点である。自社にとっては都合の悪い情報であるが、オープン情報にする姿勢が求められる。開示のタイミングとしては、事実の発生後直ちにであるが、支配株主に関しては、有価証券上場規程第411条によれば、事業年度経過後3か月以内に、施行規則で定める支配株主等に関する事項を開示しなければならない、としている。

図表5-2-5　発生事実の主な例

（1）	災害に起因する損害または業務遂行の過程で生じた損害
（2）	主要株主または主要株主である筆頭株主の異動
（3）	訴訟の提起または判決等
（4）	仮処分命令の申立てまたは決定等
（5）	行政庁による法令等に基づく処分または 行政庁による法令違反に係る告発
（6）	支配株主の異動または上場会社が他の関連の会社である場合に おける当該他の会社の異動
（7）	破産手続開始、再生手続開始、更生手続開始または企業担保権の実行の 申立てまたは通告
（8）	手形等の不渡りまたは手形交換所による取引停止処分
（9）	親会社等に係る破産手続開始、再生手続開始、更生手続開始または企業 担保権の実行の申立てまたは通告
（10）	債権の取立不能または取立遅延
（11）	取引先との取引停止
（12）	債務免除等の金融支援
（13）	有価証券報告書または四半期報告書の提出遅延
（14）	有価証券報告書または四半期報告書の提出延長の承認　　　など

4）コーポレート・ガバナンス報告書

　適時開示の決算情報、決定事実、発生事実の3項目の他に、コーポレート・ガバナンス報告書の作成・提出が2006年より導入された。提出期限は、有価証券上場規程第419条では、内容に変更が生じた場合、株主総会後遅滞なくとしている。これは、既に提出済の報告書があるため、内容の変更に対して提出を求めている。

図表5-2-6　コーポレート・ガバナンス報告書の主な内容

（1）コーポレート・ガバナンスに関する基本的な考え方及び資本構成、企業属性
（2）経営上の意思決定、執行及び監督に係る経営管理組織その他のコーポレート・ガバナンス体制の状況
（3）株主その他の利害関係者に関する施策の実施状況
（4）内部統制システム等に関する事項
（5）その他（買収防衛策の導入の有無、適時開示体制の概要等）

5）独立役員届出書

　コーポレート・ガバナンス報告書の他に、2010年から導入された独立役員届出書もある。東京証券取引所では、独立役員（一般株主と利益相反が生じる恐れのない社外取締役又は社外監査役）を1名以上確保することを企業行動規範の「遵守すべき事項」として規定し、上場会社に対して、独立役員の確保に係る企業行動規範の遵守状況を確認するため、「独立役員届出書」の提出を求めている。提出期限は、有価証券上場規程施行規則第436条では、変更が生じる日の2週間前までとしている。これは、既に提出済の届出書があるため、内容の変更に対して提出を求めている。

図表5-2-7　独立役員届出書の主な内容

（1）独立役員の独立性に関する事項
（2）独立役員の属性・選定理由

6）株式等の大規模買付行為に関する対応策（買収防衛策）

株式等の大規模買付行為に関する対応策（買収防衛策）を導入・変更・発動・廃止する際に開示が求められる。株主、潜在的投資者を含めた保護の観点、国際的な動向を踏まえて制定している。有価証券上場規定第440条では、（1）開示の十分性、（2）透明性、（3）流通市場への影響、（4）株主の権利の尊重、の4点を買収防衛策の導入に係る遵守事項としている。

図表5-2-8　買収防衛策の主な遵守事項

（1）開示の十分性
買収防衛策に関して必要かつ十分な適時開示を行うこと

（2）透明性
買収防衛策の発動及び廃止の条件が経営者の恣意的な判断に依存するものでないこと

（3）流通市場への影響
株式の価格形成を著しく不安定にする要因その他投資者に不測の損害を与える要因を含む買収防衛策でないこと

（4）株主の権利の尊重
株主の権利内容及びその行使に配慮した内容の買収防衛策であること

以下が東京証券取引所の上場規則の開示内容及び期限のまとめである。

図表5-2-9　東京証券取引所の上場規則の開示内容及び期限のまとめ

開示内容	開示・提出期限
決算情報	内容が定まった後直ちに
業績予想の修正	直近の予想値に差異が生じた後直ちに
配当予想の修正	予想値を算出した場合は直ちに
決定事実	業務執行決定機関の決定後直ちに （子会社は子会社の業務執行決定機関）
発生事実	事実の発生後直ちに（支配株主は事業年度経過後3か月以内）
コーポレート・ 　ガバナンス報告書	内容に変更が生じた場合、株主総会後遅滞なく
独立役員届出書	変更が生じる日の2週間前まで
買収防衛策	導入・変更・発動・廃止する際

第3節 法定開示とは

　法定開示とは、「金融商品取引法と会社法により義務付けられている情報開示」である。主に金融商品取引法による開示と、会社法による開示から成る。大別すると、1) 発行市場における金融商品取引法規制、2) 流通市場における金融商品取引法規制、3) 会社法規制の3つに分かれる。金融商品取引法の目的は投資家保護で、投資判断のための情報の提供を促すのが目的である。

1）発行市場における金融商品取引法規制

　発行市場における金融商品取引法規制の開示には、有価証券届出書と目論見書がある。対象は、原則として5億円以上の有価証券の公募または売出しを行う企業である。

　公募とは、企業が資金調達のため、不特定かつ多数（50名以上）の投資家に対し、新たに発行する有価証券の取得の申込みを勧誘することである。売出しとは、既に発行された有価証券の売り付けの申込み、またはその買い付けの申込みを不特定かつ多数（50名以上）の投資家に対して勧誘することである。

　有価証券届出書は、有価証券の公募または売出しをする際に、金融商品取引法に基づき内閣総理大臣へ提出することが義務付けられている書類である。内閣総理大臣（財務省各地方財務局）に提出する。目論見書は、有価証券の公募あるいは売出しに当たって、その取得の申込を勧誘する際にあらかじめまたは同時に投資家に交付する文書である。

2）流通市場における金融商品取引法規制

　流通市場における金融商品取引法規制の開示には、有価証券報告書、四半期報告書、臨時報告書、内部統制報告書、確認書、意見表明報告書がある。

（1）有価証券報告書

　有価証券報告書は、事業年度ごとに作成する企業の決算内容の外部への開示資料である。事業年度経過後3カ月以内に内閣総理大臣（財務省各地方財務局）に提出する。決算短信に比べ、情報量が多いのが特徴である。位置付けとしては、決算短信が決算内容の速報版であるのに対して、有価証券報告書は決算内容の確報版となる。

図表5-3-1　有価証券報告書の主な内容

企業の概況
　　主な経営指標等の推移
　　沿革
　　事業の内容
　　関係会社の状況
　　従業員の状況
事業の状況
　　経営方針、経営環境及び対処すべき課題
　　事業等のリスク
　　経営者による財政状態、経営成績及びキャッシュ・フロー
　　経営上の重要な契約等
　　研究開発活動
設備の状況
　　設備投資の概要
　　主要な設備の状況
　　設備の新設、除却等の計画
　　提出会社の状況
　　株式等の状況
　　自己株式の取得等の状況
　　配当政策
　　株価の推移
　　役員の状況
　　コーポレート・ガバナンスの状況等
経理の状況
　　連結財務諸表等
　　　　連結貸借対照表
　　　　連結損益計算書及び連結包括利益計算書
　　　　連結株主資本等変動計算書
　　　　連結キャッシュ・フロー計算書
　　　　連結附属明細表
　　財務諸表等
　　　　貸借対照表
　　　　損益計算書
　　　　株主資本等変動計算書
　　　　附属明細表

（2）四半期報告書

　四半期報告書は、四半期毎の企業の決算内容の外部への開示資料である。四半期末期45日以内に内閣総理大臣（財務省各地方財務局）に提出する。第1四半期から第3四半期は四半期報告書、第4四半期は有価証券報告書となる。有価証券報告書に比べ、情報量は簡素化して少ないが、四半期決算短信よりは情報量が多い場合が多い。

（3）臨時報告書

　臨時報告書は、会社の重要事項が決定または発生した場合に作成する企業内容の外部への開示資料である。企業の財政状態及び経営成績等に重大な影響を与える事由が発生した場合に遅滞なく、内閣総理大臣（財務省各地方財務局）に提出する。臨時報告書は、有価証券報告書・四半期報告書（半期報告書）を提出した後、次にこれらの法定書類が提出されるまでの期間中に起こった重要な事項・事実を開示するものである。

（4）内部統制報告書

　内部統制報告書は、企業の財務報告に関する内部統制が有効に機能しているかどうかを経営者自身が評価し、その結果を記載した報告書である。株主総会後遅滞なく、内閣総理大臣（財務省各地方財務局）に提出する。

図表5-3-2　内部統制報告書の主な内容

（1）財務報告に係る内部統制の基本的枠組みに関する事項
（2）評価の範囲、基準日及び評価手続に関する事項
（3）評価結果に関する事項

（5）確認書

　確認書は、金融商品取引法に基づき提出する有価証券報告書等の記載内容が、適正であることを代表者が確認した旨を記載する外部への開示資料である。有価証券報告書等の適正性について、経営者の確認を義務付けたものである。株主総会後遅滞なく、内閣総理大臣（財務省各地方財務局）に提出する。

（6） 意見表明報告書

　意見表明報告書は、金融商品取引法に基づき公開買付（TOB）をされる株券等の発行者が、当該公開買付けに関する意見等を記載する外部への開示資料である。公開買付時に公開買付対象者が、公開買付開始公告が行われた日から10日以内に内閣総理大臣（財務省各地方財務局）に提出する。

3）会社法規制

　会社法規制では、株主総会の招集通知がある。具体的には、招集通知の中身としては、計算書類（貸借対照表、損益計算書、株主資本等変動計算書）・事業報告・参考書類（議案など）・監査報告などの書類が必要である。株主総会開催2週間前までに株主へ発送しなければならない。

　以下が法定開示の開示内容及び期限のまとめである。

図表5-3-3　法定開示の開示内容及び期限のまとめ

制度内容	開示内容	開示・提出期限
金融商品取引法	有価証券届出書	有価証券の公募または売出しを行う場合
	目論見書	有価証券の公募または売出しを行う場合
	有価証券報告書	期末後3カ月以内
	四半期報告書	四半期末期45日以内
	臨時報告書	企業の財政状態及び経営成績等に重大な影響を与える事由が発生した場合に遅滞なく
	内部統制報告書	株主総会後遅滞なく
	確認書	株主総会後遅滞なく
	意見表明報告書	公開買付け（TOB）時に公開買付対象者が、公開買付開始公告が行われた日から10日以内
会社法	招集通知	株主総会開催2週間前までに株主へ発送

4）投資家の金融商品取引法規制

　投資家の金融商品取引法規制についても、参考までに取り上げる。開示内容としては、公開買付届出書、公開買付報告書、大量保有報告書、変更報告書がある。

（1）公開買付届出書

　公開買付届出書とは、公開買付 (TOB) 開始時に、買付期間、買付価格、買付予定株数、買付者及び対象会社について明らかにした書類である。内閣総理大臣 (財務省各地方財務局) に提出する。買付者は、公告または公表が義務付けられている。

（2）公開買付報告書

　公開買付報告書とは、公開買付 (TOB) 終了時に公開買付の結果を報告する書類である。内閣総理大臣 (財務省各地方財務局) に提出する。

（3）大量保有報告書

　大量保有報告書は、持株比率が5%以上の大量保有株主 (大株主) となってから5日以内に、その保有状況について記載して提出する書類である。内閣総理大臣 (財務省各地方財務局) に提出する。

（4）変更報告書

　変更報告書は、持株比率が5%以上の大量保有株主 (大株主) が、大量保有報告書提出後に保有割合が1%以上変動した際に、その保有割合について記載して提出する書類である。内閣総理大臣 (財務省各地方財務局) に提出する。

以下が投資家の金融商品取引法規制の開示内容及び期限のまとめである。

図表5-3-4　投資家の金融商品取引法規制の開示内容及び期限のまとめ

開示内容	開示・提出期限
公開買付届出書	公開買付(TOB)開始時
公開買付報告書	公開買付(TOB)終了時
大量保有報告書	持株比率5%以上の大量保有株主(大株主)となってから5日以内
変更報告書	大株主がその保有割合を1%以上変動した際や氏名、住所等の記載事項に変更があった際

第4節 開示する媒体

　第4節では、開示する媒体について取り上げる。法定開示と適時開示では、開示する媒体が異なっている。

　法定開示は、EDINET（エディネット、Electronic Disclosure for Investors' NETwork）を通じて行う。EDINETは、金融庁の所管で、金融商品取引法に基づく有価証券報告書などの開示書類に関する電子開示システムである。開示例は、有価証券報告書、四半期報告書、有価証券届出書、内部統制報告書、臨時報告書、意見表明報告書などである。

　適時開示は、TDnet（ティー・ディー・ネット、Timely Disclosure network）を通じて行う。TDnetは、東京証券取引所が運営する適時開示情報伝達システムである。開示例は、決算短信、適時開示資料（業績予想の修正など）、コーポレート・ガバナンス報告書などである。

　任意開示は、開示する媒体は決まっていないが、企業のコーポレートサイトを通じて行うことが多い。コーポレートサイトだけでなく、TDnetでの開示も行う場合がある。コーポレートサイトに載せない場合もあるが、公平性や周知化の観点から、コーポレートサイトには原則、載せる形にすることが望ましい。

第5節　不適正開示情報

　第5節では、不適正開示情報について取り上げる。東京証券取引所では、有価証券上場規程第412条第1項にて、適時開示に関する遵守事項として、次のものを挙げている。

図表5-5　適時開示に関する遵守事項

（1）開示する情報の内容が虚偽でないこと
（2）開示する情報に投資判断上、重要と認められる情報が欠けていないこと
（3）開示する情報が投資判断上、誤解を生じせしめるものでないこと
（4）その他開示の適正性に欠けていないこと

　不適正開示情報へ証券取引所が実施する対応策としては、1）注意喚起制度、2）特設注意市場銘柄、3）改善報告書、4）改善状況報告書、5）上場契約違約金徴求銘柄、6）公表措置制度、7）口頭注意、8）売買停止銘柄、9）監理銘柄、10）整理銘柄、などがある。

1）注意喚起制度（不明確情報への対応）

　注意喚起制度とは、有価証券又はその発行者等の情報に関し、投資者に対する周知を目的として、必要があると認める場合に、証券取引所が投資者に対して注意喚起を行う制度である。注意喚起は、取引参加者への通知、報道機関への公表、日本取引所グループウェブサイトへの掲載等の方法により行う。

　必要がある場合とは、具体的には、投資者の投資判断に重要な影響を与える恐れがあると認められる情報のうち、その内容が不明確であるもの（不明確情報）が発生した場合や、その他有価証券又はその発行者等の情報に関して、

注意を要すると認められる事情がある場合である。

「投資者の投資判断に重要な影響を与える恐れがあると認められる情報」としては、例えば、エクイティ・ファイナンスに係る情報、買収や経営統合に係る情報、「業績予想の修正等」として情報開示が必要となる決算に係る情報、法的整理や私的整理に係る情報、虚偽記載に係る情報等を挙げている。

また、「その他有価証券又はその発行者等の情報に関して、注意を要すると認められる事情がある場合」としては、例えば、決定事実、発生事実、決算情報又は業績予想の修正等の開示時期を過ぎているにも関わらず、開示を行わない場合や、投資者の投資判断を誤らせる恐れがある不明確な情報が発生しているにも関わらず、当該不明確な情報について投資者による真偽の判断に資する情報開示を上場会社が行っていないと東京証券取引所が認める場合等を挙げている。

2）特設注意市場銘柄

特設注意市場銘柄とは、有価証券報告書等の虚偽記載や監査報告書等の不適正意見、上場契約違反等の上場廃止基準に抵触する恐れがあったものの、上場廃止に至らなかった銘柄のうち、内部管理体制等を改善する必要性が高いと取引所が判断し、継続的に投資家に注意喚起するために指定する銘柄のことである。

特設注意市場銘柄に指定された銘柄は、特設注意市場において、通常の取引銘柄と区別されて売買取引を行う。当該企業は、指定から1年経過後、速やかに東京証券取引所に内部管理体制確認書を提出する必要がある。

3）改善報告書

改善報告書とは、上場会社に、会社情報の適時開示を適切に行わないなどの不備があり、管理体制等の改善が必要と認められる場合に、証券取引所が企業に対して提出を求める報告書のことである。再発防止が目的である。

4）改善状況報告書

　改善状況報告書とは、改善報告書の提出から6カ月後に、改善措置の実施状況などについて報告を求めるものである。

5）上場契約違約金徴求銘柄

　上場契約違約金徴求銘柄とは、適時開示義務違反や上場規則違反をした場合に、投資者の信頼を毀損したと認められる場合に、違約金を徴求する銘柄である。

6）公表措置制度

　公表措置制度とは、適時開示義務違反などを行った場合に、証券取引所が必要と認めるときに社名及び理由を公表する措置である。

7）口頭注意

　口頭注意とは、適時開示義務違反などを行った場合に、証券取引所が口頭注意を行うものである。件数は公表するものの、社名の公表は行わない。

8）売買停止銘柄

　売買停止銘柄とは、投資者の投資判断に重大な影響を与える恐れがあると認められる情報が生じたため、証券取引所が売買を停止した銘柄である。

9）監理銘柄

　監理銘柄とは、証券取引所が上場廃止基準に該当する恐れがあり、上場廃止となるかどうかの審査を行う銘柄である。上場企業側から上場廃止申請が出され、審査期間中の場合にも監理銘柄となる。

10）整理銘柄

　整理銘柄とは、上場廃止となるかどうかの審査・確認後に上場廃止が決定された銘柄である。原則として、決定の1カ月後に上場廃止となる。

第6節　インサイダー取引規制

　第6節では、インサイダー取引規制について取り上げる。インサイダー取引とは、上場会社または親会社・子会社の役職員や大株主などの「会社関係者」、及び「情報受領者（会社関係者から重要事実の伝達を受けた者）」が、その会社の株価に重要な影響を与える「重要事実」を知り、その重要事実が公表される前に、特定有価証券等の売買を行うことを言う。金融商品取引法第166条で規制されている。

1）会社関係者

　会社関係者とは、（1）上場会社等の役員等、（2）上場会社等の帳簿閲覧権を有する者、（3）上場会社に対して法令に基づく権限を有する者、（4）上場会社等と契約を締結している者または締結交渉中の者、（5）同一法人の他の役員等、が該当する。

図表5-6-1　会社関係者の該当ケース

（1）　上場会社等の役員等
（2）　上場会社等の帳簿閲覧権を有する者
（3）　上場会社に対して法令に基づく権限を有する者
（4）　上場会社等と契約を締結している者または締結交渉中の者
（5）　同一法人の他の役員等

　（1）の具体例としては、役員、社員、契約社員、派遣社員、パートタイマー、アルバイトなどが該当する。（2）の具体例としては、総株主の議決権の3%以上を有する株主が該当する。（3）の具体例としては、許認可の権限等を有する公務員などが該当する。（4）の具体例としては、取引先、公認会計士、

元引受証券会社、顧問弁護士などが該当する。（5）の具体例としては、銀行の融資部門から投資部門へ伝達するケースなどが該当する。

なお、会社関係者でなくなった後、1年以内は、会社関係者と同じ立場で規制を受ける。

2）情報受領者

情報受領者とは、会社関係者から重要事実の情報伝達を受けた者である。会社関係者の家族や知人友人、記者、アナリストなどが規制対象となる。

3）重要事実

重要事実とは、投資判断に著しい影響を及ぼす会社情報のことである。該当例は、適時開示の公表要件と基本的には同じで、（1）決算情報、（2）決定事実、（3）発生事実、などが挙げられる。金融商品取引法及び金融商品取引法施行令に定められている。

（1）の具体例は、未公表の決算情報、業績予想の修正、配当予想の修正などが挙げられる。（2）の具体例は、増資、自己株式の取得、業務提携などが挙げられる。（3）の具体例は、災害で生じた損害などである。

図表5-6-2　決算情報の主な例

| ①業績予想の修正 |
| ②配当予想の修正 |

図表5-6-3　業績予想及び配当予想の増減率の基準

開示内容	開示・提出期限
売上高	10%以上
経常利益	30%以上かつ変動額が純資産と資本金の額のいずれか少ない額の5%以上
当期純利益	30%以上かつ変動額が純資産と資本金の額のいずれか少ない額の2.5%以上
配当予想	20%以上

図表5-6-4　決定事実の主な例

①株式の募集
②自己株式の取得
③株式分割
④株式交換
⑤株式移転　など

図表5-6-5　発生事実の主な例

①訴訟の提起
②事業の差止めその他仮処分命令の申立て
③免許の取消し、事業の停止
④不渡り　など

4）重要事実の公表方法

　重要事実の公表方法は、（1）2以上の報道機関に公開後、12時間が経過した場合、（2）証券取引所に対する通知及び証券取引所でTDnetにより公衆縦覧がなされた場合、（3）重要事実が記載された有価証券報告書等が公衆の縦覧に供された場合の3つの方法がある。

図表5-6-6　重要事実の公表方法

（1）　2以上の報道機関に公開後、12時間が経過した場合
（2）　証券取引所に対する通知及び証券取引所でTDnetにより公衆縦覧がなされた場合
（3）　重要事実が記載された有価証券報告書等が公衆の縦覧に供された場合

第7節 フェア・ディスクロージャー・ルール

　フェア・ディスクロージャー・ルール（FDルール）とは、企業が未公表の決算情報などの重要な情報を証券アナリストなどに提供した場合、速やかに他の投資家にも公平に情報提供することを求めるルールである。日本での法的根拠は金融商品取引法であり、金融商品取引法の改正により、2018年4月より導入された。

　重要情報とは、金融商品取引法第27条の36によれば、上場企業等の運営、業務または財産に関する公表されていない重要な情報であって、投資者の投資判断に重要な影響を及ぼすもの、としている。重要情報の公表方法は、重要情報公表府令第10条各号により、4項目が規定されている。

図表5-7-1　FDルールの重要情報の公表方法

1) EDINETによる法定開示
2) 2以上の報道機関に公開する方法
   （ただし、2以上の報道機関に公開してから12時間経過したことが必要。12時間ルール）
3) TDNetによる適時開示
4) 企業のコーポレートサイトへの掲載

　重要情報にどんなものが該当するかの具体的な規定等は設けられていない。しかしながら、上場企業が未公表の決算情報などの重要な情報をアナリストや投資家などに伝達した場合、速やかに対外公表しければならない、ということである。

　特に重要情報として注意したいのは、進行期間中の決算情報である。例えば、3月決算の上場企業が19年9月時点で、19年8月の月次売上高情報を特

定のアナリストに話してしまう、といったケースである。19年9月時点では、19年7-9月期の決算発表がなされていないため、未公表の決算情報を話してしまったことになる。このような場合には、月次売上高情報を4つの方法で速やかにオープン情報にすることが上場企業に求められる。

図表5-7-2　FDルールにおける進行期間中のイメージ

注）19年9月に7月、8月の内容を説明するにはオープン情報にする必要がある

第8節 スチュワードシップ・コードを理解する

　証券市場では、2つのコードが存在する。スチュワードシップ・コードとコーポレートガバナンス・コードである。スチュワードシップ・コードとコーポレートガバナンス・コードは、企業価値の向上を促す車の両輪とされている。

　コンプライ・オア・エクスプレイン（Comply or Explain）の精神のもと、原則を実施するか、さもなければ実施しない理由を説明するかを求めている。

　機関投資家が、対話を通じて企業の中長期的な成長を促すなど、受託者責任を果たすための原則である。コードとは、規則を意味する。企業統治指針と訳されることもある。

　投資先企業への監視や対話が不十分であったことが2008年のリーマン・ショックを招いたとの反省から、2010年にイギリスで初めて定められた。日本ではこれを参考に、金融庁が2014年2月に日本版スチュワードシップ・コード（「責任ある機関投資家」の諸原則）を制定・公表し、2017年5月に改訂した。

　日本版スチュワードシップ・コードでは、機関投資家について、7つの原則を定めている。

図表5-8　日本版スチュワードシップ・コードの基本原則

1) 明確な行動指針をつくり、公表する

2) 親会社や取引先などとの利益相反を回避するため、議決権行使を監督する第三者委員会設置など明確な方針をつくり、公表する

3) 投資先企業の状況を的確に把握しチェックする

4) 株価指数に連動して投資する「パッシブ運用」をする投資家を含め、中長期視点で投資先企業と「目的を持った対話」を通じて、投資先企業との認識を共有し、問題の改善に努める

5) 議決権行使の方針をつくり、個別の投資先企業および議案ごとに賛否を公表する

6) 機関投資家としての責務をどう果たしているか、顧客・受益者に対し、少なくとも年に一度は報告する

7) 投資先企業の持続的成長に役だつように、対話や行動を適切に行うための実力を備える

第9節 コーポレートガバナンス・コードを理解する

　コーポレートガバナンス・コードとは、上場企業が守るべき企業統治の行動規範のことである。企業家精神に富んだ経営を行い、利益を長期的成長につなげたり、従業員や株主へ還元したりするよう促すため、取締役会のあり方、役員報酬の決め方などを定めた指針である。

　1992年にイギリスで初めて設けられ、ドイツ、フランスなどのヨーロッパ諸国のほかシンガポール、香港などでも策定されている。日本では東京証券取引所と金融庁が日本版コーポレートガバナンス・コードを制定し、2015年6月から上場企業に適用している。

　日本版コーポレートガバナンス・コードは、5つの基本原則からなっている。

図表5-9　日本版コーポレートガバナンス・コードの基本原則

1)	株主の権利・平等性の確保
2)	株主以外のステークホルダーとの適切な協働
3)	適切な情報開示と透明性の確保
4)	取締役会等の責務
5)	株主との対話

　東京証券取引所の上場企業には社外取締役を2人以上選任し、少なくとも3分の1以上の社外取締役を選任することが必要と考えられ、そのための取組み方針を開示すべきとしている。2018年6月に改訂し、政策保有株削減の促進、経営トップの選任・解任手続きの透明性、女性や外国人の登用による取締役会の多様化を求めている。

第10節 MiFID 2を理解する

MiFID 2（ミフィッドツー、Markets in Financial Instruments Directive 2）とは、2018年1月に施行されたEU（欧州連合）の第2次金融商品市場指令の略称である。

2007年に施行されたMiFID（金融商品市場指令）制定以降に生じたアルゴリズム取引など市場環境を取り巻く変化への対応や、デリバティブ取引に関するルール導入、株式以外の金融商品への規制適用など投資家保護の強化と市場の透明性向上を図るために策定されたものである。

運用会社は、ブローカーに支払う売買手数料と、リサーチに対する対価の分離などを求められるため、セルサイド・アナリスト（証券会社所属のアナリスト）の淘汰を促す規制と言われている。

運用会社が自社で有用なリサーチチームを構築した場合、セルサイド・アナリストによるリサーチレポートへの需要は減ることになるため、セルサイド・アナリストは他社との差別化を図る必要性に迫られることになる。

第6章

関連領域との
繋がりを理解する

第1節　PRとIRの違い

　第5章では、関連領域との繋がりについて取り上げる。第1節では、PRとIRの違いについて説明する。PRとIRは、概念上はターゲットが異なる。

図表6-1　　PRとIRのターゲット

PR	顧客を中心とした全てのステークホルダー 売上・利益 → 売上・利益拡大を図る
IR	投資家 資本 → 時価総額拡大を図る

　PRのターゲットは、顧客を中心とした全てのステークホルダーであり、コアは売上・利益を生み出す対象である。IRは投資家であり、コアは資本を生み出す対象である。そして、ターゲットに求める効果は、PRは売上・利益拡大であるのに対して、IRは時価総額拡大である。

　企業は時価総額拡大に繋げるためにもIR活動をしているが、IRの取り組みを強化しても、利益を生み出すわけではない。投資家やアナリストが商品やサービスを買ってくれるわけではないからである。

　商品・サービスを提供する対象が、投資家でもあるケースは、B to C企業の場合には見受けられる。例えば、牛丼チェーン店の場合、顧客が個人株主でもあることが多い。この場合、株主優待割引などの株主還元策を強化する、といった投資家に対する施策が顧客に対する施策にもなり得る。

　一方、B to B企業の場合、顧客と投資家は一致していないことが多い。例えば、造船メーカーの場合、船主が顧客だが、船主が主要株主ということは考えにくく、機関投資家が主要株主だろう。従って、顧客に対する施策と投資家に対する施策は異なるターゲットとして、切り分けて考える必要がある。

PRだけでなく
IRも必要な理由

　ここで、そもそも、なぜ、IRを強化する必要性があるのか、という疑問を抱く人もいるかと思う。利益成長さえし続けていれば、IRは不要ではないか、という疑問である。利益成長という観点からは、一理ある。利益成長を優先対応するなら、IRに割く経営資源はもったいない、その分を他の人員に回せば良い、ということになる。

図表6-2　IRが必要な理由

---

　　1)　出資する投資家への説明責任（アカウンタビリティ）
　　2)　利益成長を永続的に続けることは不可能
　　3)　業績が悪くなってから対応しても、
　　　　投資家は見向きもしなくなる

　しかし、株式を上場している場合、自社の株式を購入する投資家が存在する。投資家には、出資を受けているだけのアカウンタビリティ（説明責任）が発生する。アカウンタビリティを無視することは、投資家が出資する可能性が減ることになる。どんな状況にあるかがよく分からない株式に手を出す投資家は稀だからである。

　また、毎年、利益成長を続けられる会社は、世の中に一体、どれだけいるだろうか？　よほど恵まれた市場にいる会社や、参入障壁の高い会社でない限り、難しいだろう。利益成長を続けるためには、設備投資が必要である。大幅な設備投資をした年は、コスト増加が先行して減益になりやすい。

　多くの会社は、景気変動の波には抗えない。景気拡大期には利益成長できても、景気後退期には減益になりやすい会社が多いだろう。投資家は、利益成長を続ける会社の株式に対しては積極的に投資するが、減益になる会社に

対して投資を続けることは避ける傾向がある。従って、減益になりやすい時期には、投資家が会社の株式を売却しないように、いかにして今後、利益成長するのかを投資家に説明する必要がある。業績の良い時にも説明は必要だが、業績の悪い時ほど、投資家との良好な関係を維持するために丁寧な説明を心がける必要があるのである。

　結果として、事業会社がIRの必要性を痛感するのは、業績が悪くなった時である。業績が良い時は、情報開示が悪くても、利益成長が続いているため、投資家は情報開示の悪さを問題視しにくい。

　しかし、利益成長が止まると、情報開示が悪いままの場合、なぜ、減益になっているのか、どうしたら利益成長するのか、利益成長のためにどういった取り組みをしているのか、といった説明がなされないでいると、投資家は株式を売却する可能性が高くなる。また、アナリストにとっては、情報開示が悪いと、業績後退の理由が説明できないほか、先行きの予想がしにくいことから、業績後退が始まると、アナリスト・レポートを書くインセンティブが働かなくなり、カバレッジを止めてしまう傾向がある。アナリストがカバレッジを止める場合、わざわざ会社側に事前説明はしない。カバレッジを止める際、レーティング（投資判断）を付けている場合には、カバレッジ停止レポートという、カバーを止める主旨を述べたレポートが発行されるが、レーティングを付けていない場合には、カバレッジ停止レポートすら発行されないことが多い。投資家も同様に、わざわざ会社側に売却すると伝えることはしない。伝えるのは、大株主になっていて、制度開示上、オープン情報にする必要がある場合くらいだろう。

　従って、情報開示が悪いまま業績が後退すると、株価が下落し、アナリストのカバー社数が減る。アナリストのカバー社数が減ることで、株主も減る、という負のスパイラルが一気に働きやすくなるのである。アナリストや投資家は、Bloomberg（ブルームバーグ）や日経QUICKなどの金融端末でアナリストのカバー社数を把握できるが、事業会社は基本的に金融端末の契約をしていないため、株価以外はこの変化に気づきにくい。そして、主幹事証券に言われて初めてカバー社数が減っていることに気づく、という事態になり、大分後になってから急に情報開示に力を入れざるを得なくなる、というわけである。

第3節 PRとIRの違いの例：新製品のプレスリリース

　PRとIRの違いは、ターゲットの違いで説明が付くが、実際の活動内容はというと、切り分けは難しい。分かりやすい例が新製品のプレスリリースである。例えば、自動車メーカーが新モデルを発表するプレスリリースを行ったとする。これは、PRとIR、どちらに該当するだろうか。結論から言えば、PRとIRの両方である。しかし、PRとIRとでは、求められる内容はやや異なる。

図表6-3　新製品のプレスリリースの構成要素の違い

PR	新製品の性能、価格、販売時期、販売ルート等 → 商品の内容
IR	新製品の単価と目標販売台数(初年度、3年後)、業績貢献時期等 → 業績インパクト

　PRの場合、コアの最終ターゲットは顧客である。従って、顧客としては、新製品の性能や価格、販売時期、販売ルート（どこで買えるのか）などの情報を知りたいところである。つまり、新製品そのものの付加価値に関する情報を知りたいわけである。一方、IRの場合、コアの最終ターゲットは投資家である。

　投資家は、PRの情報も知りたいとは思うが、最も知りたいのは、業績へのインパクトである。新製品の価格だけでなく、目標販売台数、業績貢献時期などである。つまり、IRでは、業績に置き換えるための数値化情報の提供が求められるのである。具体的には、初年度の目標販売台数や、3年後の目標販売台数といった先行きに関する情報である。先程の例で言えば、新製品の価格はいくらで、今期の目標販売台数は何台なのかが分かれば、今期の

売上高が計算できる。3年後の目標販売台数が分かれば、3年後の目標売上高が計算できる。初年度と3年後の目標販売台数を示すことで、投資家としては、業績にどれだけインパクトのある話なのか、目標売上高を計算することができる。さらには、新製品の性能がどれだけ良いかも、数値的に知りたいところである。例えば、燃費効率がどれだけ向上するのか、どれだけ軽量化が図られているのか、といった情報である。性能面で劇的な変化が可能であれば、売上貢献は大きくなる。一方で、それほど大きな変化がないものであれば、売上貢献は小さくなる。全ては、業績に置き換えると今後どうなるのか、を知りたいわけである。これがPRと異なる点である。さらに、新製品の説明会を実施したり、新製品を出展する展示会に招待したりして、新製品の理解を深める機会を増やすことがIRでは求められる。企業規模にもよるが、B to C企業の場合は、PRとIRの担当者を分けていて、B to B企業の場合は、PRとIRの担当者が同じケースが多いとみられる。

第4節　MRとIRの違い：記事

　次に、PRのうち、MRとIRの違いについて考えてみたい。MR（メディア・リレーションズ、Media Relations）とは、新聞、雑誌、テレビ、ラジオ、ウェブ媒体などのマスメディアと良好な関係性を構築していく活動の総称である。

　先程、PRのターゲットは顧客を中心とした全てのステークホルダーと述べた。その中でもメディアとの良好な関係構築は重要である。具体的には、日本経済新聞社や、日刊工業新聞などの業界新聞などの経済新聞や、週刊東洋経済、週刊ダイヤモンド、週刊エコノミストなどの経済誌などである。記事が掲載されれば、広告効果の役割が期待できる。

図表6-4　　MRとIRの違い

1)　数値情報を必要とする点は共通だが、取り上げるテーマの数値に限定
2)　メディアはニュースとしての報道価値があるかを重視
3)　必ずしも業績全体の情報を求めない
4)　どんな取材内容かを事前に確認する必要がある

　経済記者の場合、IR対応と同様に、数値で表せる情報を求める傾向がある。ただし、取り上げるテーマの数値に限定されている。例えば、新たに海外拠点を設立したプレスリリースを行った場合には、単に設立した、といった情報だけではなく、3年後の売上規模はどれくらいを目標にしているのか、といった情報も合わせて準備しておくことが望ましい。IRで取材対応する際には、業績全般について聞かれるが、メディアの場合には、取り上げるテーマに限定されているため、求められる数値情報はごく一部である。

　メディア・リレーションズで最も重要なのは、メディア側にとって、ニュースとしての報道価値がある情報提供になっているか、ということである。

つまり、会社側にとっては重要なプレスリリースだったとしても、メディア側にとって報道価値がないと判断されれば、いくら取材対応しても報道されないのである。従って、取材対応しても、他のニュースの方が報道されてしまう、といった事態が起こり得る。

　また、メディア取材対応の場合、必ずしも業績全体の情報を求めてはこない。IR取材対応の場合には、直近の決算や今後の先行きに関する情報を準備する必要があるが、メディアの場合、メディア側がほしがっているテーマのみを重点的に取材してくる。

　このため、メディアの取材対応をする際には、どんな取材内容を希望しているかを事前に確認しておく必要がある。IR取材と同様の準備をして対応しても、対応しきれない場合もあるためである。

第5節 MRとIRの違いの例：日本経済新聞の観測記事

　MRとIRの違いの例としては、日本経済新聞の観測記事がある。日本経済新聞の観測記事とは、決算が締まった後で、取材した会社の業績がどのくらいになったか、業績の予想値を報道するものである。

図表6-5　日本経済新聞の観測記事

1）　決算が締まった後で業績の着地情報を報道する
2）　必ずしも事業会社側が説明した情報とは限らない
3）　誤報である場合もある
4）　誤報でなくても、誤報となってしまう場合もある

　日本経済新聞の報道内容は、必ずしも事業会社側が説明した情報とは限らない。あくまで業績の着地の予想であるからである。予想である以上、その内容は、アナリストと同じである。しかし、日本経済新聞は、日本では最大の経済新聞であり、株式市場関係者はその報道内容を毎日チェックしている。日本経済新聞が報じる観測記事は、株式市場では事実として受け取られることが多い。アナリスト・レポートは、そのレポートを見ることができる対象者が限定されているが、日本経済新聞の場合、多くの一般ビジネスパーソンが読むものである。従って、業績に関する取材対応をする際には、細心の注意を払う必要がある。

　観測記事であるため、当然ながら、誤報である場合もある。アナリストの予想が100％当たっているわけではないように、経済記者も読み間違えることはある。

　しかし、事実関係の報道内容の場合には、報道された段階では誤報でなくても、報道された後でその内容が誤報となってしまう場合もある。例えば、

「会社計画の修正を検討している」と報じられた場合に、事業会社側がその報道内容を見て、態度を変えてしまう、といったケースである。観測記事に限らず、例えば、M&Aに関する情報を事業会社側のプレスリリース前に報じた場合に、報道後に態度を変えてしまうこともある。この場合、事情を知らない世の中では、誤報とみなされてしまうわけであるが、経緯は関係者のみが知るところである。

第6節　MRとIRの公平性の例：ファナックの決算説明会

　ここで、取材対応について、極度の公平性を図っている会社がある。山梨県忍野村にある機械メーカー・ファナックである。ファナックは、工作機械の基幹部品であるCNC装置や、産業用ロボットなどを手がける機械メーカーである。極度の公平性とは、原則として、四半期ごとの決算説明会でしか情報提供をしない点である。

　第2四半期及び第4四半期には山梨県忍野村のファナック本社にて、決算説明会を実施し、第1四半期及び第3四半期には、電話会議を実施している。この決算説明会は、メディアやアナリストの区別なく参加が可能である。しかしながら、決算説明会以外では一切、取材することが不可能である。なぜならば、取材を受け付けていないからである。

　多くの上場企業は、決算説明会実施後に個別のIR取材対応を行っている。また、多くの上場企業の決算説明会は、アナリストや機関投資家が多く集まる東京都内で実施するケースが多い。しかし、ファナックの場合には、山梨県忍野村のファナック本社で実施する。そのため、多くのアナリストや機関投資家、経済記者は、山梨県忍野村へ訪れる必要がある。多くの上場企業の決算発表の集中時期のため、東京から山梨県まで訪問するということは、他社の決算説明会への参加を断念する必要がある。しかし、決算説明会以外は取材不可のため、多くのアナリストや機関投資家は行かざるを得ないのである。経済記者も同様である。

　このような対応を他の事業会社が模倣して行うことはかなり難しいだろう。アナリストにカバーしてもらえなくなるリスクが増すほか、投資家は投資対象として考えなくなる可能性が高くなる。経済記者からは記事に取り上げなくなる恐れが強まるだろう。ファナックのような大手企業だからこそ可能な対応である。良し悪しの判断はともかく、大手企業であっても、個別のIR

取材対応は丁寧に引き受けて対応する方を筆者としては推奨したい。取材する側の不平不満が募る恐れがあるからである。

　なお、アナリストは取材不可能であるが、経済記者は、日本経済新聞と日刊工業新聞の2誌では独自取材記事が度々掲載されているため、厳密にはダブルスタンダードが敷かれている。

第7節　ERとIRの違い：社内報

　次に、PRのうち、ERとIRの違いについて取り上げる。ER（エンプロイー・リレーションズ、Employee Relations）とは、社員との相互理解を構築していく活動の総称である。社内広報、インターナルコミュニケーション、インナーコミュニケーションとも言われる。ERの最大の目的は、社員の相互理解の構築であるため、扱う内容はIRとは大分異なる。

図表6-7　　ERとIRの違い

1）　社員の相互理解の構築が最重要テーマである
2）　会社の主な出来事や個々の社員を取材して取り上げる
3）　決算説明はアナリスト向け決算説明会資料を活用する
4）　社内報は外部公表を目的とはしていない

　具体的には、会社の主な出来事や個々の社員を取材して取り上げることが主な内容である。従って、IRの情報開示の内容とは重複が少ない。しかし、決算説明については、IRの説明内容を活用することが可能である。具体的には、アナリスト向け決算説明会資料を使って説明することになる。実務上は、アナリスト向け決算説明会の開催後に社内向け決算説明会を別途開く、といった活用法がある。

　ERで中心となる媒体は、社内報である。IRで活用するアニュアル・レポートなどの作成資料は全て、対外的に情報開示することを目的としている。一方、社内報は社員向け、社内向けに情報開示することを目的としている。従って、外部公表を目的とはしていない。仮に社内報を対外公表用として活用する場合には、個人情報保護の観点から掲載記事の社員の合意を取り付けるなどの相応の手続きを踏む必要がある。

第8節　SRとIRの違い：株主判明調査

　次に、SRとIRの違いについて取り上げる。SR（シェアホルダー・リレーションズ、Shareholder Relations）とは、株主との相互理解を構築していく活動の総称である。

図表6-8　SRとIRの違いのイメージ

　IRは投資家をターゲットにしているのに対して、SRは株主であり、投資家よりも狭い範囲になる。IRでは、新規株主の獲得も大事な活動であるが、SRは既存の株主との良好な関係構築が大事な活動である。具体的には、決算発表後に個別取材対応をしたりするなどの取り組みが必要である。決算発表後（決算説明会がある四半期では、決算説明会開催後）は、アナリストや機関投資家への取材対応をするのが通常であるが、大株主である機関投資家の場合には、社長自らがIR取材対応をする、といった対応も必要である。

　SR関連で独自に必要な業務は、株主判明調査である。実務上、どの機関投資家が株主であるかを事業会社側から把握するのが難しい場合がある。このため、IR支援会社に株主判明調査を依頼して、株主の動向をつかむことが重要になってくる。

第9節 制度開示とIRの違い

　次に、制度開示とIRの違いについて考えてみたい。制度開示とIRの違いを整理すると、制度上、情報開示の必要があるかないかの違いである。IRは制度上、情報開示の必要があるわけではない。あくまで自主的な任意開示である。

図表6-9　制度開示とIRの違い

制度開示	法律や規則といった制度上、必要な情報開示 → ルール違反は処罰の対象
IR	任意の情報開示 → 制度上は要請していない

　概念上はこのような違いがあるが、実務上、IR担当者は制度開示とIRのどちらも扱っていることが多いため、区別して作業しているケースは少ない。制度開示の最たる成果物である決算短信や有価証券報告書、四半期報告書は、作成主体は経理部門になる。IR担当者は、決算短信の定性的情報の部分について作成に関わっていることが多い。IR担当者が制度開示で関わるのは、プレスリリースの作成である。

第10節 制度開示とIRの違いの例：災害関連のプレスリリース

　それでは、制度開示とIRの違いの例を、災害関連のプレスリリースで考えてみたい。2019年10月12日、東日本を中心に台風19号が日本列島を襲った。東日本、とりわけ長野県、福島県などでは、川の氾濫が発生し、浸水被害が生じた。このため、台風19号の通過後には、どの会社にどれだけの被害が生じているかが投資家の気になるところであった。

　適時開示制度上は、災害による被害が発生した場合には、発生事実に該当するため、早急に適時開示上のプレスリリースを通じて、情報開示する必要がある。業績への影響があることを伝えるためである。一方、災害による被害がなかった場合には、適時開示制度上は、情報開示する必要はない。業績に与える影響がないためである。

　しかし、被害があったかなかったかの情報開示がなされない場合には、外部からはどちらなのかは不明である。企業のコーポレートサイトを見ても、何も情報が出ていないからである。従って、被害が発生した場合には情報が開示されるが、被害が発生していない場合には、いつまでも情報が開示されない、といった事態が生じることになる。

　このようなケースの場合には、適時開示制度上は情報開示が不要でも、早急に被害がないことをプレスリリースすることがIR上は望ましい。理由としては、投資家を安心させる効果があるからである。

図表6-10-1　被害状況の情報開示の狙い

制度開示	被害状況を開示することで、 業績へ影響があることを伝える
IR	被害がないことを情報開示することで、 投資家を安心させる効果がある

図表6-10-2　19年10月の台風19号発生時に適時開示を行った機械メーカーの例

No.	証券コード	社名	開示日	開示時刻	主要生産拠点	開示内容	備考
1	6432	竹内製作所		12時00分	長野	戸倉工場の建物の一部が破損。操業に影響なし	第1報
2	6293	日精樹脂工業	10月15日	14時25分	長野	建物に軽微な破損。操業に影響なし。協力会社数社が被災	
3	6284	日精エー・エス・ビー機械		19時00分	長野	被害なし。操業に影響なし	
4	6237	イワキ		12時00分	埼玉・福島	被害なし。操業に影響なし	
5	6145	NITTOKU		12時30分	福島	被害なし。操業に影響なし。協力会社の被害確認中	
6	6432	竹内製作所		13時00分	長野	協力会社数社が浸水被害。生産に影響が出る見通し	第2報
7	6381	アネスト岩田	10月16日	14時00分	福島・秋田	被害なし。操業に影響なし	
8	6409	キトー		14時30分	山梨	被害なし。操業に影響なし。協力会社の影響なし	
9	6310	井関農機		16時25分	愛媛・新潟	1営業拠点（長野）で浸水被害。操業に影響なし。協力会社数社が被災	
10	6125	岡本工作機械製作所		17時00分	群馬	被害なし。操業に影響なし	
11	6390	加藤製作所	10月16日	17時00分	群馬・茨城	被害なし。操業に影響なし	
12	6405	鈴茂器工	10月17日	10時30分	埼玉	被害なし。操業に影響なし	
13	6498	キッツ		11時00分	長野・山梨	長坂工場の建物の一部が破損。操業に影響なし	
14	6358	酒井重工業	10月18日	11時00分	埼玉	1営業拠点（宮城）で浸水被害。操業に影響なし。協力会社は被災なし	

　台風19号のケースの場合、長野県では、千曲川が氾濫し、JR東日本の北陸新幹線の車両基地に浸水被害が発生する事態となった。連日、テレビで報道されるほどの状況となっており、千曲川付近に拠点がある上場企業の場合には、被害が生じていなくても、プレスリリース対応を実施することが必要な状況だったと筆者は考えている。

　実際のケースとして、長野県の上場企業では、竹内製作所、日精樹脂工業、

日精エー・エス・ビー機械など、しなの鉄道沿線の機械メーカーが相次いでプレスリリースを行っている。台風19号の際には、機械メーカーでは、13社が適時開示によるプレスリリースを行っているが、操業に影響を与えるほどの直接的な被害が生じた会社は1社もいなかった。しかしながら、投資家を安心させるべく、早期の情報開示に踏み切ったのである。

　災害発生以外にも、例えば、1）大口案件の受注獲得、2）戦略的な新規案件の受注獲得、3）特許申請中の新製品の開発成功、4）海外拠点の新設、などの内容が発生した場合には、適時開示上のプレスリリースが不要であったとしても、適時開示上のプレスリリースで情報開示することが望ましい。特に受注高に関連する情報は、適時開示制度上の開示義務の項目に含まれていないが、今後の業績に与えるインパクトのある情報であることから、積極的な情報開示を行うことが望ましいと筆者は考える。

第11節 災害対応のIRの例：東日本大震災時の東京エレクトロンの情報開示

　前述のように、災害発生時には、積極的な情報開示に取り組む方が望ましい。理由としては、業績が良い時だけでなく、悪い時も等しく素早く情報開示する会社ほど、投資家から投資対象としての信頼度が増すからである。

　災害対応の情報開示の好例としては、2011年3月の東日本大震災発生時の東京エレクトロンの情報開示がある。東京エレクトロンは、半導体製造装置の大手メーカーである。

　東日本大震災発生時には、東北地方に生産拠点を複数有していたため、一時生産停止の事態に追い込まれた。しかしながら、刻々と生産拠点の情報を開示することで、外部のステークホルダーからの信頼をつかむことに成功した。この結果、2011年に日本IR協議会のIR優良企業賞を受賞している。

第12節 制度開示とIRの違いの例：業績予想修正

次に、制度開示とIRの違いの例として、業績予想修正について取り上げる。

決算短信には、通常、上場企業の次年度または進行年度の会社計画（業績予想）が記載されている。具体的には、第2四半期及び第4四半期の売上高、営業利益、経常利益、当期純利益が記載されている。

既出の前回予想値と、今回予想値とを比較した増減率、または既出の前回予想値と当期実績値とを比較した増減率が、売上高で10%以上、利益項目で30%以上の場合、業績予想の修正開示が必要になる。利益項目は、営業利益、経常利益、当期純利益の3項目だが、当期純利益は、連結財務諸表作成会社の場合、親会社に帰属する当期純利益が該当する。また、IFRS（国際会計基準）適用会社の場合、利益項目は営業利益、税引前利益、当期利益、親会社の所有者に帰属する当期利益、になる。

図表6-12-1 業績予想の増減率の基準

売上高	10%以上
営業利益	30%以上
経常利益	30%以上
当期純利益	30%以上

図表6-12-2 業績予想の修正のタイミング

制度開示	修正基準に準じて行う
IR	業績予想に違和感が生じたタイミングで行う

制度開示上は、適時開示制度の基準に則り、業績予想を修正するのが通常である。しかし、実務上は修正のタイミングがまちまちである。IR上は、業績予想に違和感が生じたタイミングで行うのが理想である。

　例えば、業績予想に対する実績の進捗率が、第2四半期で50%を下回っている場合には、対外的な説明内容と整合性が取れるように業績予想を修正するのが望ましい。また、期初の業績予想が増収増益だった場合に、第2四半期の段階で、増収増益が不可能であると分かっている場合には、下方修正して減益予想に変える方が望ましい。

　しかしながら、実際には、タイミング良くこまめに毎四半期業績予想の修正を行うことは、管理部門のマンパワーの制約上、難しいのが通常である。このため、明らかに対外説明の内容に整合性が取れない事態が生じた場合には、早急に業績予想を修正することが望ましい。

第7章

ケースで学ぶ IRの主な流れ

第7章では、IRの主な流れについて、ケースを通して理解することとしたい。四半期のIRの主な流れとしては、決算発表準備→決算発表→決算説明会→取材対応→決算締め、社内報告となる。

図表7-0　　四半期のIRの主な流れ

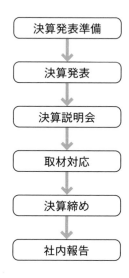

1）事業部門への社内ヒアリング

　第1節では、決算発表準備について取り上げる。決算が締まった後からは、社内の事業部門とのヒアリングの日程調整が始まる。事業部門の数が多い上場企業の場合には、多くの事業部門の責任者にアポイントを取り、四半期決算に関するヒアリングを実施する。実施する際には、各事業部門には、必要な決算数値について準備しておいてもらう。ヒアリングの際に決算数値が準備されていないと、ヒアリングの時間が無駄になってしまうため、必要な数値については、具体的に指定して依頼しておくことが重要である。

　それでは、事業部門への社内ヒアリングをケースを通じてみてみよう。

ケース1　事業部門への社内ヒアリング

　19年7月中旬、メーカー A社のIR担当者のB氏は、19年4-6月期の決算内容について、各事業部門へヒアリングを行うべく、アポイントを取った。アポイントに当たっては、対外的に聞かれる決算の数値についてあらかじめ準備するよう、必要項目を指定して依頼した。

　そして、アポイント当日を迎えた。事業部門に社内ヒアリングしたところ、あらかじめ依頼していた数値を準備していなかった。

　また、事業部門の決算内容を確認したところ、四半期業績は減収減益だった。B氏は、「減収減益の要因はなんだったのか？」と質問したところ、事業部門の責任者は、「我々は四半期では業績を追っていない。社内計画比では社内計画を達成している。現在は不景気だが、中期的には成長する事業である。四半期で追わずに先行きを見てほしい。」と答えた。

　この中で、どこに問題があるのだろうか？

【解説】

短いケースではあるが、多くの問題をはらんでいる。

1. 必要な数値を準備していなければ、ヒアリングにならない

社内での事業ヒアリングは、数値を突き合わせて行うことが必要である。定性的に話を聞いていても、実際の数値が異なっていた場合には、再度ヒアリングをする必要が生じるためである。事業部門の多い上場企業の場合、リスケは決算発表までに間に合わないリスクが生じるため、必要な数値は準備した上でヒアリングに臨むよう、事前説明をきちんとしておく必要がある。

2. 社内計画は、対外的には分からない

社内計画を達成していたとしても、外部には公表していないため、アナリストや投資家には全く分からない。公表していない内容を、IR担当者は説明できない。また、社内計画と対外計画の数値が異なっている場合には、対外説明の整合性が取れない。外部が把握できるのは、前年同期比であり、前年同期比でどうだったかの説明が必要であることを事業部門に理解してもらう必要がある。

3. 四半期決算の増減要因分析は、きちんと説明できることが必要である

アナリストや投資家は、四半期決算がどうだったかを分析する。そして、今後どうなるかを考えて判断する。しかし、上場企業側が四半期決算について、なぜ減益だったかの要因分析ができていない場合、アナリストや投資家は判断に窮することになる。説明が付かない減益ほど、不安視されるものはない。なぜ、減益だったかは決算発表時には説明できるようにしておく必要がある。

4. アナリスト、投資家は、四半期決算で判断するものである

アナリストや投資家は四半期決算を見てどうだったかを評価する。「四半期で追わずに先行きを見てほしい。」という話は外部には全く通じない。考え方の違いを事業部門に説明しておく必要がある。

2）決算短信の定性的情報の記載内容の考察

事業部門のヒアリングと同時並行で、決算短信の定性的情報の記載内容について考える。決算短信の定性的情報では、事業別の業績について記述する必要がある。

ケース2　決算短信の定性的情報の記載内容の考察

19年7月中旬、メーカーA社のIR担当者のB氏は、19年4-6月期の決算短信の定性的情報の記載内容を考えていた。メーカーA社は、連結決算である。経理部門から決算情報を入手し、単体ベースでは、事業部門の業績を把握していた。経理部門には、連結ベースでの決算作成を依頼したが、「決算短信公表の事業別セグメントに載っていない情報については、作成義務がない。」と回答された。そこで、単体業績をもとに、定性的情報の記載内容を作成し、取締役会への検討事項として提出した。

この中で、どこに問題があるのだろうか？

【解説】
1．定性的情報は、連結ベースで記述するものである

連結ベースの決算短信であるので、定性的情報も連結ベースの事業別業績の記載が必要である。単体ベースで記載していたら、それは誤った情報となる可能性が高い。理由としては、単体決算と連結決算の違いとしては、内部消去が関係するためである。単体ベースで増収増益だったとしても、内部消去を勘案したら、連結ベースでは減収減益だった、ということが起こり得る。決算短信に開示している事業別セグメント以上のブレークダウンを定性的情報に記載する必要がある場合には、別途、連結決算の情報作成を経理部門に依頼しておく必要がある。

3）決算短信への記載情報

次に、決算短信への記載情報について考える。

ケース3　決算短信への事業別業績予想、受注高、
　　　　　受注残高、地域別売上高の記載

19年7月中旬、メーカーA社のIR担当者のB氏は、19年4-6月期の決算短信の内容を確認していた。メーカーA社は3月決算であり、今回の決算は第1四半期である。経理部門が作成した内容を見ると、今回の決算で第2四半期及び第4四半期の業績予想の修正を行うことが分かった。決算短信の表紙には、変更後の業績予想が売上高、営業利益、経常利益、当期純利益それぞれが記載されていた。しかしながら、事業別の業績予想は決算短信のどこにも記載がなかった。受注高、受注残高については、決算短信の定性的情報で総額のみを記載していた。事業別の数値は有しているが、決算短信には記載がなかった。経理部門になぜ、事業別の数値を載せないのかと確認したところ、「今までずっと、こうしてきたから。何が問題なのか？」との回答だった。

この中で、どこに問題があるのだろうか？

【解説】

1. 適時開示制度上は事業別の業績予想や受注高、
　　受注残高の掲載義務はない

適時開示制度上は、事業別の業績予想は受注高、受注残高の掲載義務はない。経理部門の回答や、今までずっとこうしてきた、というのはもっともなところである。しかし、IR上は問題がある。理由としては、決算発表時にはアナリストや投資家に聞かれるためである。2018年4月にフェア・ディスクロージャー・ルールが施行され、情報開示に公平性がより求められるようになっている。このため、口答ベースで回答するよりは、決算短信に掲載しておく方が望ましい。

具体的には、決算短信の最後部に決算補足資料として掲載することが望ましい。例えば、以下のような記載方法である。

　事業別の売上高、営業利益の実績値だけでなく、受注高、受注残高の実績値も前期比で比較できるように記載し、新年度の売上高及び営業利益の予想値は、通期だけでなく、第2四半期連結累計期間も一緒に掲載する方がより親切である。

図表7-1-1　受注高及び受注残高の状況

(百万円)

	受注高		受注残高	
	前連結会計年度 2018年3月期	当連結会計年度 2019年3月期	前連結会計年度 2018年3月期	当連結会計年度 2019年3月期
A事業	57,018	107,632	27,320	17,682
B事業	9,490	14,865	12,232	8,449
C事業	1,169	1,757	228	171
合計	67,677	124,254	39,780	17,682

注；数値は架空

図表7-1-2　2020年3月期連結売上高及び営業利益の予想値

(百万円)

	売上高		営業利益	
	第2四半期 連結累計期間	通期	第2四半期 連結累計期間	通期
A事業	63,500	113,500	10,200	16,600
B事業	6,500	13,000	300	600
C事業	1,000	2,500	100	200
調整額			-1,300	-2,800
合計	71,000	129,000	9,300	14,600

注；数値は架空

2. 変更前と変更後を分かるようにする

　また、業績予想を変更する場合には、変更前と変更後を分かるようにする必要がある。例えば、以下の掲載方法である。事業別セグメントの内訳も含めて分かるようにすることが重要である。

図表7-1-3　2020年3月期連結売上高及び営業利益の予想値（変更前）

(百万円)

	売上高		営業利益	
	第2四半期 連結累計期間	通期	第2四半期 連結累計期間	通期
A事業	60,000	102,500	8,200	14,000
B事業	5,500	11,000	150	300
C事業	500	1,500	50	100
調整額			-1,000	-2,500
合計	66,000	115,000	7,400	11,900

注；数値は架空

図表7-1-4　2020年3月期連結売上高及び営業利益の予想値（変更後）

(百万円)

	売上高		営業利益	
	第2四半期 連結累計期間	通期	第2四半期 連結累計期間	通期
A事業	63,500	113,500	10,200	16,600
B事業	6,500	13,000	300	600
C事業	1,000	2,500	100	200
調整額			-1,300	-2,800
合計	71,000	129,000	9,300	14,600

注；数値は架空

　決算短信にこれらの情報を載せていない場合には、決算発表時にIR担当者はアナリストや機関投資家から問い合わせを多く受けることになる。問い合わせをする理由は、それらの情報がないと、総合判断ができないからである。

問い合わせの度に個別に回答していたのでは、効率的とは言い難い。また、掲載しておけば、アナリストや機関投資家のみならず、個人投資家も決算短信を見てチェックすることが可能になる上、問い合わせの内容も数値を聞き出すやり取りが省かれるため、決算内容そのものに関する質問ができるようになる。従って、IRの取り組みとして、決算補足資料の作成を行っておくことが望ましい。

　なお、会社によっては、対外公表している事業別セグメントと、社内管理上のセグメントが異なる場合がある。社内上は、子会社別に業績管理をしているためである。この結果、決算発表後も事業別セグメントの予想値を作成していない会社が残念ながら存在する。対外的には子会社別の情報を見ることは不可能であるため、事業別セグメントの予想値は作成した上で決算発表に臨む対応が最低限必要である。

1) 決算発表時の電話取材対応

　第2節では、決算発表時の対応について取り上げる。決算発表時には、多くの上場企業は東京証券取引所に決算短信を投函し、兜町記者倶楽部に対して記者会見を30分程度行うのが通常である。そして、記者会見終了後は、IR担当者は帰社してアナリストや機関投資家からの電話取材に対応する。

　理想としては、証券取引所にいる人員と、社内で待機する人員と二手に分かれ、決算発表直後から電話取材に対応する状態にしておくことが望ましい。理由としては、アナリストや機関投資家は、証券取引所への投函や記者会見があることを知らない（関係ない）わけであり、決算発表直後から問い合わせしてくるためである。

　この一連の流れを把握した上で、次のケースについて、みてみたい。

ケース4　決算発表時の電話取材対応

　メーカーA社のIR担当者のB氏は、16時00分に決算発表を行い、東京証券取引所にて、決算短信と決算説明資料を兜町記者倶楽部に投函した。そして、社長、専務、経理部長の3人によるマスコミ向けの記者会見を16時00分から実施し、16時30分に終了した。

　今回の決算は、第3四半期である。3ヶ月間のみでの決算内容は減収営業減益で、業績予想に対する第3四半期累計決算の進捗率は60％と低かった。しかし、第4四半期に大口案件の売上計上を予定しており、会社計画の達成確度が高かったため、業績予想は増収営業増益のまま据え置いていた。

　B氏は、記者会見終了後、帰社して、アナリストからの電話取材対応を予定していた。東京証券取引所から本社までは30分の距離で、17時00分には

帰社可能だった。しかし、社長より、「無事に記者会見も終えたことだし、慰労も兼ねて今日は飲みに行こう。」と誘われた。

　B氏は、「アナリストへの電話取材対応がありますから。」と社長に伝えた。しかし、「決算短信と決算説明資料はコーポレートサイトに載せているのだろう？　翌朝の対応で十分だろう。資料を読めば分かるのだから。」と社長に言われた。結局、社長の言葉に従うこととし、本社の所属部署には、直帰すると連絡した。

　本社では、アナリストから電話での決算内容の問い合わせが夕方にかかってきたが、本社の所属部署の社員は、「本日、B氏は東京証券取引所に行ってそのまま帰社しました。」とアナリストに伝え、B氏には取り次がなかった。アナリストは、第4四半期の見通しに問題がないかを確認したかったが、B氏に電話取材ができなかったため、「計画未達の可能性が高い」との趣旨のアナリスト・レポートを書くこととし、翌朝、業績予想と投資判断を引き下げた。

　メーカーA社の対応は、どこに問題があるのだろうか？

【解説】

1．決算発表後は帰社してアナリストへの電話取材対応をするのが基本

　会社ごとの情報開示の考え方は異なるものの、決算発表時はアナリストへの電話取材対応をすることが基本である。理由としては、セルサイド・アナリストであれば、決算内容を踏まえ、決算コメントやアナリスト・レポートを翌営業日までに発行するためである。また、機関投資家の場合、決算内容をみて、即座の投資判断を迫られることもある。決算発表時の電話対応は、外部の意思決定に重要な役割を有している。

　もし、証券取引所が遠隔地で、決算発表後すぐに本社に戻れない場合には、決算発表直後に電話取材対応ができる人材を本社に配置しておく必要がある。

2．経済記者は報じてくれるとは限らない

　ここで、日本経済新聞などの経済記者に記者会見を実施しているから十分ではないか、という考え方がある。しかし、決算発表が行われる時期は、他

社も同様に決算発表を実施しており、非常に多くの会社の発表が集中している。従って、記者会見を行っても、経済記者は、報じる上で重要な記事を優先するため、必ずしも報じてくれるとは限らない。また、報じられたとしても、その記事は小さなものになる可能性もある。そうなった場合、証券市場にきちんと情報が伝わらない可能性が高くなる。その点、会社を担当しているセルサイド・アナリストの場合、決算内容について、コメントやレポートを翌営業日までに原則、発行することが多いため、会社側の決算内容を伝達する情報媒体として、無視できない存在になる。

3. アナリストの予想やコメントは株価に影響を与える可能性がある

セルサイド・アナリストは、決算内容を踏まえてコメントやレポートを発行するが、レポートを発行する場合に、投資判断や業績予想を変える場合がある。その結果、翌営業日に会社の株価へ影響を及ぼす可能性が出てくる。

今回のケースの場合、第3四半期累計期間の計画進捗率が60％と低く、計画未達の可能性が高い状況にみえるが、第4四半期に大口案件の売上計上を予定しているため、その計画を説明しておく必要がある。

しかしながら、説明をせずに直帰してしまったため、アナリスト側は、業績予想を引き下げたレポートを発行してしまう可能性が高い。それをみた機関投資家は、A社の株式を売却してしまう可能性が出てくる。

4. ネガティブな決算の時ほど、丁寧に説明する必要がある

基本的には、減収営業減益という、ネガティブな決算の時ほど、決算内容を丁寧に説明する必要がある。(1) なぜ、減収営業減益になったのかという要因分析、(2) 今後の見通しをどうみているのかの先行きの前提、の2点は最低限、決算発表時に説明できるよう、準備しておく必要がある。

2）決算発表時に準備すべき開示情報

次に、決算発表対応に関する異なるケースをみてみたい。

ケース5　決算発表時に準備すべき開示情報

メーカーA社のIR担当者のB氏は、16時00分に決算発表を行い、アナリストや機関投資家からの電話取材に対応すべく、本社に控えていた。そして、決算発表後、10分程度で最初のアナリストから電話がかかってきた。

アナリストからは、「決算短信に受注高が載っていない。受注高の実績がどうなったのか教えてほしい。」と依頼された。しかし、社内では、翌週の決算説明会にて開示する方針になっていたため、「現在はまだ話せない。」と回答した。

続いて、アナリストから、「事業別の売上高、営業利益の実績値が決算短信に載っていない。内訳を教えてほしい。」と依頼された。しかし、事業別の売上高、営業利益については、翌週の四半期報告書の開示時期に公表する方針に社内ではなっていたため、「四半期報告書の開示まで待ってほしい。」と回答した。

メーカーA社の対応は、どこに問題があるのだろうか？

【解説】
1．決算発表日の段階で受注高、事業別の売上高、
　　営業利益の実績値を開示すべきである

アナリストや投資家は、全ての実績値の情報を踏まえて総合判断する。決算短信の開示で、全体の業績の判断は可能だが、このケースの場合、受注高と事業別の売上高、営業利益の実績値が不明である。不明ということは、アナリスト・レポートをすぐに発行することはできないほか、投資家も投資判断を決めかねてしまう。最低でも実績値については、決算発表日にオープン情報にできる状態に準備しておく必要がある。

2. 実績値を四半期報告書の開示日に公表するのでは遅い

　決算短信と四半期報告書の開示日が異なっている上場企業は多く、多くの上場企業は四半期報告書の開示日が決算短信の開示日より遅くなっている。四半期報告書で開示する場合、公平性は確保されるが、速報性が劣っている。業績の良し悪しを判断する上で重要な実績値の情報は、決算発表日の段階で開示できるようにする必要がある。

3. 決算説明会が選択的情報提供の場となってしまう恐れ

　決算説明会は、決算内容の詳細説明と、今後の先行きに関して上場企業側の考え方を確認する場である。実績値については、決算説明会を待たずに開示しておくことが望ましい。実績値を決算説明会の場で初めて開示するやり方の場合には、数値を把握することに重きが置かれてしまい、上場企業側との実りのある質疑応答がしにくくなってしまう。また、決算説明会の出席者のみに選択的情報提供をしていることにも受け取られかねない。従って、実績値は決算発表日の段階でオープン情報にすべきである。

3) 計画未達判明時の業績予想

　次に、計画未達判明時の業績予想について考えてみたい。

ケース6　計画未達判明時の業績予想の考え方

　メーカーA社では、第2四半期決算実績の集計作業を実施した。対外的に公表している通期業績予想に対して、第2四半期段階の営業利益の計画進捗率は2割にしか達しておらず、IR担当者のB氏は、第2四半期決算の実績値をみて、「通期業績予想の達成は難しい」と感じた。しかし、受注残高は高水準であり、事業部門からは、「受注残高があるから、年度末に売り上げることで計画達成は可能である」と言われていた。

　最終的に、第2四半期決算発表時には、通期業績予想を据え置いた。アナリストからは、「進捗率からみて、業績予想の達成は難しい印象にみえる。」と指摘されたが、IR担当者B氏は、「受注残高が高水準であるため、達成可

能と考えている。」と答えた。

　その後、第3四半期が締まってから、第3四半期の決算実績の集計作業を実施したところ、通期業績予想に対する進捗率は依然、3割程度しかないことが判明した。しかし、事業部門からは、「受注残高があるから、年度末に売り上げることで計画達成は可能である。」と再び言われ、第3四半期の決算発表においても、通期業績予想を据え置く決定が成された。

　メーカーA社の対応は、どこに問題があるのだろうか？

【解説】

1. 計画未達とみられる時は、早期に業績予想を下方修正すべきである

　第2四半期にアナリストから計画達成は難しいと指摘され、IR担当者自身が難しいと感じているにも関わらず、A社は第3四半期においても業績予想を据え置く決定をしている。外部からの視点を無視した対応である。早期に業績予想の修正対応をすべく、IR担当者から社内に意見を伝達すべき状況である。

2. 会社側が開示する業績予想の信頼性が低下する

　実態にそぐわない業績予想のままにすることは、会社側が開示する業績予想の信頼性が低下し、アナリストや投資家の期待値コントロールが上手くいかなくなる恐れが生じる。

第3節 決算説明会

1）決算説明会の開催日時のタイミング

　第3節では、決算説明会を取り上げる。決算説明会は、アナリストや機関投資家向けに行われる決算概要の説明会である。開催頻度は会社によって異なるが、最も多いケースは、第2四半期と第4四半期の年2回実施するものである。ここでは、決算説明会のケースについて、取り上げる。

ケース7　決算説明会の開催日時のタイミング

　メーカーA社は、業界内では、決算発表日時や決算説明会の開催日時が早い方である。しかし、決算説明会の開催時期は、メーカーA社よりも大手企業の会社と重複していることが多く、アナリストや機関投資家は、大手企業の会社の決算説明会を優先してしまうことが多い。そのため、取材しているアナリストや機関投資家からは、他社の決算説明会の開催日時を事前に知らされ、重複していると指摘され、開催日時を変えてほしいと言われることが多かった。今四半期においても、決算説明会の開催日時を周知したところ、「大手企業の決算説明会と開催日時が重複している。」とアナリストから連絡を受けた。しかし、既に会場を手配済であったため、そのまま実施したところ、参加者数が前回よりも減少した。メーカーA社の対応は、どこに問題があるのだろうか？

1. 開催日時は柔軟に変えられるように開場手配をしておくことが望ましい

　大手企業と決算説明会の開催日時が重複している場合、高い確率で参加者数が減ることになる。このため、重複が予想される時期に開催する場合には開催日時を柔軟に変えられるよう、開場手配をしておくことが望ましい。

2. 集中時期の開催日時は、15時前はアナリストの負荷が軽減するため、参加者数は増えやすい

大手企業の場合、15時00分に決算発表をし、同日の直後に決算説明会を開催することが多い。このため、決算発表が早い会社の場合、似たような対応をすると、決算説明会が重複する確率が高くなる。しかし、午前中の開催にした場合、直後に実施する大手企業と重複する確率は低くなる。また、アナリストは決算発表後に決算コメントを発行するなどの作業があるため、決算発表の集中日は、15時00分以降の決算説明会に参加する確率が減る可能性が出てくるが、午前中であればそのリスクも減るため、午前中の開催が無難である。

2）決算説明会における決算説明

次に、決算説明会における決算説明について考えてみたい。

ケース8　決算説明会における決算説明

メーカーA社は、愛媛県に本社のある上場企業である。業績は拡大路線がここ5年間続き、時価総額は1,000億円を超えている。アナリストや機関投資家からは、東京支社でのIR取材対応を要望されていたが、実際に本社で製品を見てほしいとの理由から、東京支社でのIR取材対応を断っていた。結果、IR取材対応件数のうち、電話取材対応が7割、本社での来社取材対応は3割となっていた。

決算説明会についても、長年、実施していなかったが、増資をする際に、主幹事証券のアドバイスを受け、ここ2年は第4四半期のみ、決算説明会を実施するようになった。以下は、決算説明会での質疑応答の様子である。

アナリスト「今期の業績予想は、前期比10％以上の大幅な増収の見通しである。どんな案件、または地域、製品が牽引役になるとみているのかを教えてほしい。」
社長「我々の時代がようやく来た。今まで我々の製品の良さを何度説明して

も理解されなかったが、ようやく理解が得られたと思っている。」

アナリスト「どういった要因でこれだけの増収になるのか？　定量的に知りたい。」

社長「数値とか、そういうことじゃない。我々の想いでこうなっている。今まで一貫してこうしてきた。分かるだろうか？」

アナリスト「…。御社が需要を切り開いているのは分かった。今後、どれくらいの市場のポテンシャルがあるとみているのか。市場規模がどれくらいとみているのかを知りたい。」

社長「もちろん、全部である。」

アナリスト「…。今後、東京支社でIR取材対応する可能性はあるのか？　IRの改善見通しについて知りたい。」

社長「愛媛県へ是非、お越し頂きたい。実際に本社で製品をみて頂くのが一番である。」

　メーカーＡ社の対応は、どこに問題があるのだろうか？

【解説】

1. 新年度の業績予想の前提が説明できていない

　新年度の業績予想の前提が説明できていない。前期比10％以上の大幅増収の見通しになる前提は何なのか。どんな案件、どの地域が増えるのか、どの製品が牽引役になるのか、と質問しているのに、全く答えていない。また、自分が話したいことを話してしまっていて、相手の話を聞いていない。これではコミュニケーションが成り立っているとは言えない。

2. アナリストや機関投資家が求めているのは、 数量的にどうなるのかの情報

　その後、再度、定量的に知りたいと質問しているが、想いで返していて、質問がかみ合っていない。市場規模についても、どれくらいかの回答ができていない。定量的な計測が難しいのであれば、理由を述べて難しいと答えるなどの対応が必要である。

3. アナリストのカバー条件、機関投資家の投資条件は、IR取材アクセスのしやすさ

アナリストのカバー条件や機関投資家の投資条件は、IR取材のアクセスのしやすさである。理由としては、業績に変化があった際にIR取材しやすい体制が構築できていないと、適切な情報が得られないためである。しかし、A社は愛媛県に来社するように要求し、東京支社でのIR取材対応を断っている。また、定量的なIR説明ができていないため、アナリストカバーや機関投資家の投資対象になりにくい状況を自ら作ってしまっている。IR姿勢の悪さは、取材する側が心配する点である。

3）進行期間中の月次情報の開示

次に、進行期間中の月次情報の開示について考えてみたい。

ケース9　進行期間中の月次情報の開示

メーカーA社は、3月決算の会社であり、19年11月中旬に第2四半期（7-9月期）の決算説明会を開催した。直近では米中貿易摩擦の影響を受け、7-9月期の決算は減収営業減益となっていた。増収営業増益の通期業績予想を据え置いてはいたが、アナリストからは計画未達懸念を指摘されていた。B社長としては何とか、未達懸念を払拭する場にしたいと考えていた。以下は、決算説明会での質疑応答の様子である。

アナリスト「第2四半期まで減収営業減益だが、通期業績予想を増収営業増益のまま据え置いている。第3四半期以降、どういう取り組みで巻き返しを図るのか。」
社長「確かに9月までは減収が続いていたが、直近10月の月次売上高をみると、国内単体は増収に転じたほか、中国子会社も2桁増収となっている。11月以降も増収基調が続くとみている。」

なお、A社は通常、月次情報について、適時開示によるプレスリリースやコーポレートサイトへの掲載を行っていない。

メーカーA社の対応は、どこに問題があるのだろうか？

【解説】

1. 進行期間中の情報は一部に口外してはならない

2018年4月から施行された改正金融商品取引法のフェア・ディスクロージャー・ルール（FDルール）により、進行期間中（ここでは19年10月）の月次情報は、重要情報扱いとみなされる可能性が高く、決算説明会での説明内容は、オープン情報扱いにならない可能性が高い。

2. FDルールに則った速やかな情報開示が必要

本件の場合、以下の4つの方法のいずれかにより、速やかな公開情報化が求められる。具体的には、動画や質疑応答、決算説明資料に情報を掲載し、コーポレートサイトに速やかに掲載し、オープン情報化することが求められる。

図表7-3　FDルールの重要情報の公表方法

（1）EDINETによる法定開示
（2）2以上の報道機関に公開する方法 　　　（ただし、2以上の報道機関に公開してから 　　　12時間経過したことが必要。12時間ルール）
（3）TDNetによる適時開示
（4）企業のコーポレートサイトへの掲載

1) 取材対応は聞かれたことに答える

　第4節では、取材対応を取り上げる。取材対応では原則、IR担当者による対応が中心になる。アナリストや機関投資家が来社する来社取材対応、IR担当者が訪問する訪問取材対応、電話会議形式にする電話取材対応の3パターンがある。

　それでは、ケースについてみていきたい。

ケース10　取材対応における接し方　その1

　メーカー系商社A社は、山形県に本社を構えている。しかしながら、IR担当者B氏自ら、積極的に東京都内に訪問取材対応をし、アナリストとは毎四半期、コミュニケーションを取っている。今決算は第1四半期決算で、増収ながらも大幅な営業減益だった。このため、業績予想の未達懸念をアナリストC氏はしていた。そこで、アナリストC氏は来社取材アポイントを取り、IR担当者B氏に取材するのだった。以下はアナリストC氏とIR担当者B氏の取材でのやり取りである。

アナリストC氏「第1四半期決算は増収営業減益だった。進捗率としては低い印象だが、社内計画との比較ではどうだったのか。」
IR担当者B氏「今回はイレギュラーなコストが生じたことによる減益。我々は全く、悲観していない。競合のD社の決算も営業減益だったみたいだから、特に問題ない。東北地方は売上は伸びているし、関東地方でも売上は伸びている。関西地方も売上は伸びている（以下、5分ほど話が続く）。」
アナリストC氏「そうすると、最初の質問に戻るが、社内計画との比較では

計画線だった、ということなのか。」

IR担当者B氏「各地域の売上高は伸びている。今日の当社の株価は減益決算を受けて大幅に下がっているが、それほど悲観するものではないと思っている。東北地方では山形県で新たな案件が動き始めている（以下、5分ほど話が続く）。」

アナリストC氏「心配ないのを強調しているのは分かった。社内計画との比較では、どうだったのか？」

　メーカー系商社A社の対応は、どこに問題があるのだろうか？

【解説】

1．質問に即座に答えていない

　アナリストC氏の質問は、第1四半期の実績は、社内計画との比較ではどうだったのかを知りたいものだった。しかし、結果として答えていない。答えていないばかりか、違う話にすり替えている。

2．延々と聞いていないことを話して取材時間を潰している

　質問に答えないだけでなく、1つの質問に対する答えで5分以上、時間を使っている。これでは、取材する側が聞きたいことを質問できず、イライラが募るばかりである。質問していないことを一方的に話す対応は印象を悪くするため、控えた方が良い。また、答えられない場合は、即座に答えられないと正直に回答した方が期待値コントロール上良い。

2）親切な取材対応を心がける

　今度は、別の取材対応のケースについてみてみたい。

ケース11　取材対応における接し方　その2

　メーカーA社は、大手企業である。事業は多岐にわたり、初心者が分析するには、難しい会社である。また、コーポレートサイトを見ても、会社概要

の分かりやすい説明は掲載されていなかった。そこで、アナリストC氏は、初めての取材アポイントを取り、IR担当者B氏に取材したのだった。以下は、IR担当者B氏とアナリストC氏の取材でのやり取りである。

アナリストC氏「直近では、D事業は需要が供給を上回る状況が続いていると思われる。生産能力の拡大はどのような見通しを立てているのか？」

IR担当者B氏「ご承知の通り、当社は新工場を建設中の状況にあるため、生産能力は新工場完成までは現状維持のままである。」

アナリストC氏「新工場を建設中とのことだが、完成後の生産能力は、どれくらいを見込んでいるのか？」

IR担当者B氏「その質問については、先日出したプレスリリースにきちんと書いてある。プレスリリースを確認して頂きたい。」

アナリストC氏「そうなのか。それでは、話を変えて、E事業だが、E事業の主要生産拠点は、どこになるのか？」

IR担当者B氏「その質問については、コーポレートサイトに掲載している。コーポレートサイトを確認して頂きたい。事前に確認してこなかったのか？」

　メーカーA社の対応は、どこに問題があるのだろうか？

【解説】

1. アナリストC氏は初回の取材であり、A社の事業内容を理解しているわけではない

　アナリストC氏は初回の取材であり、A社の事業内容を理解しているわけではない。アナリストは複数社を担当していることが多く、詳細な確認を行うだけの時間を確保できていないことが多い。機関投資家もカバー社数が非常に多いため、1社について詳細に見ている時間的余裕はない。

　このような状況に対して、IR担当者B氏の対応は、非常に不親切と言わざるを得ない。アナリストC氏は、取材後に不快感を募らせる可能性が高いだろう。カバーされる可能性を自ら摘んでいると言わざるを得ない。

2．「ご承知の通り」は禁句

IR担当者C氏にとってはご承知の通りでも、取材する側にとっては、ご承知の通りとは限らない。初めて聞いた情報の場合もある。しかし、「ご承知の通り」と言ってしまうと、その後取材する側は質問がしにくくなる。このキーワードは禁句である。

3．コーポレートサイトをチェックしろ、との態度は横柄

取材する側は、コーポレートサイトの内容の全てをチェックしきれているわけではない。見たつもりでも、気づいていない場合もある。質問に対しては、真摯に回答する姿勢が大切である。横柄な態度で取材対応すると、その印象は他のアナリストや機関投資家にも広まり、会社の印象まで下げることになる。初心者への対応こそ、好印象が残る対応をすることが重要である。

3）アナリスト・カバレッジの重要性

次に、アナリストのカバレッジに関するケースについて、取り上げる。

ケース12　アナリスト・カバレッジの重要性

メーカーA社は、神奈川県内に本社があり、東京23区からは移動で1時間以上離れている場所にある。かつては業績拡大が目覚ましく、セルサイド・アナリストのカバレッジは6社いた。しかし、ここ2年は、期初は増収営業増益計画でスタートしているが、結果的には業績が悪化して減収営業減益となり、会社計画を未達で終わる状況が続いている。

A社は、決算説明資料は毎四半期作成・公表し、情報開示は充実している。しかしながら、決算発表後の取材対応については、東京都内のセルサイド・アナリストへの訪問取材対応はせず、取材依頼があれば、神奈川県内の本社で対応していた。

各社のセルサイド・アナリストは、決算発表後の訪問取材が億劫に感じていた。片道一時間以上かかるため、夕方か朝早くでなければ、訪問しにくいためである。業績拡大が続いていた頃は、無理してでも訪問しようと思って

いたが、減収営業減益が続いているため、一時間以上かけて訪問するだけの
メリットが見出せなくなっていた。

　いつしか、アナリストのカバレッジが徐々に減り、最終的には、1社だけ
になった。しかし、A社はそのことを認識していなかった。1社のみになっ
たアナリストから、カバー社数が減っていると指摘され、初めてアナリス
ト・カバレッジが減っている現状に気づいた。

　メーカー A社の対応は、どこに問題があるのだろうか？

【解説】
1. アナリストのカバレッジが減るのは会社にとってマイナス

　アナリストのカバレッジが減るということは、投資家が情報を目にする機
会が減ることを意味する。機関投資家にとっては、セルサイド・アナリスト
からのセカンドオピニオンが得られなくなるためである。

　しかし、会社側はカバー社数が減っている現状を全く認識していない。セ
ルサイド・アナリストからアナリスト・レポートを徴収していない可能性が
ある。アナリスト・レポートを取材に来たアナリストから徴収して現状把握
をし、アナリスト・カバレッジの社数を知っておく必要がある。

2. 決算発表直後は能動的にセルサイド・アナリストを
集中訪問するのが無難

　セルサイド・アナリストからすると、取材アクセスの悪い会社のレポート
を継続的に書くメリットは見出しにくい。継続的に書くメリットがあるのは、
サブセクターの主要企業か、業績拡大が目覚ましい会社である。業績が悪く
なると、アナリストのカバレッジが減るリスクが増すことになる。

　東京23区内から遠隔地に位置する会社の場合には、決算発表後に各証券
会社のセルサイド・アナリストに訪問アポイントを取り、集中訪問する対応
を採ることが無難である。IR取材のアクセスの良さがあり、綿密なコミュ
ニケーションが取れている場合には、アナリストのカバレッジが外れるリス
クは減ることになる。遠隔地である以上、その不利を払拭するだけの対応策

が必要である。

4）市場前提に関する考え方

　次に、市場前提に関する考え方について取り上げる。取材対応では、関連する業界の市場前提について、聞かれることがよくある。

ケース13　市場前提に関する考え方

　製造業の商材を扱うメーカー系商社のA社は、主に工場で使う工具などの消耗品を扱っており、主要顧客は、自動車業界及び工作機械業界である。以前は鉱工業生産指数と自社の売上高の伸び率の相関性が高かったが、取扱品目を順次拡充しているため、ここ数年では相関性が薄まっている。従って、鉱工業生産指数の推移をもとに外部環境を説明しても、あまり参考にならないとIR担当者B氏は感じている。

　一方、自動車業界の生産台数や工作機械業界の受注額は、外部環境の変化をみる上で、A社にとっては有益である。しかしながら、社内では、各事業部門の計画の積み上げで会社計画が作成されており、外部環境の変化を各事業部門に聞いても、「計画値を見てほしい。我々の業績は、業界統計との相関性が低いから。」と言われるだけである。

　今回の決算では、米中貿易摩擦の影響が顕在化し、自動車業界や工作機械業界など、製造業の主要業界では、需要の激減が生じ始めていた。A社は、取扱品目数の拡充で売上高は拡大していたが、その伸び率は急速に鈍化していた。

　セルサイド・アナリストからは、「自動車業界の生産台数や工作機械業界の受注額の今年度の市場前提をどうみているのか。」といった質問を決算発表時に電話取材で受けた。B氏は、事前に事業部門に確認していたが、「計画値を見てほしい。我々の業績は、業界統計との相関性が低い。」と言われていたため、「我々の業績は、業界統計との相関性が低いため、市場前提は計画上、組んでいない。」と答えた。

メーカー系商社A社の対応は、どこに問題があるのだろうか？

【解説】

1. 外部環境の変化は、市場前提の変化でつかむことができる

　市場前提を踏まえていない、ということは、市場環境の変化を考えずに業績予想を組んでいるのでは、とアナリストや機関投資家に受け取られかねない。従って、組んでいない、と回答するのではなく、市場前提をどれくらいでみているか、社内でコンセンサスを得ておくことが必要である。

2. アナリストは、外部環境の変化をどう捉えているかをみている

　アナリストは、会社側が外部環境をどう捉えているかをチェックしている。しかし、実務上、業績予想は各事業部門から集計した数値の積み上げである。この集計結果を対外的に説明できるようにするには、管理部門で外部環境の変化や、競合・類似他社の動きとの整合性を取る対応が求められる。「集計したらこうだったから。」では、説明にならないのである。従って、対外公表する業績予想は、外部環境の変化について組み込むマネジメントコントロールが求められる。

決算締め、社内報告

1) 社内報告

第5節では、決算が締まった後の社内報告について取り上げる。IR担当者は、決算が締まった後で、その四半期のIR取材対応件数やアナリスト・機関投資家からの声を取りまとめて経営陣に報告するのが通常である。

それでは、社内報告に関するケースをみてみたい。

ケース14　社内報告の中身

メーカー A社のIR担当者B氏は、四半期決算が締まったため、四半期おきに行っている社内報告について資料作成を行った。内容は、アナリスト・機関投資家の取材対応件数や、A社の株価の変化、アナリスト・機関投資家からの声である。

大株主の機関投資家C社からは、「社長取材のアポイントを取りたいが、なかなか御社の許可が降りない。社長もIR取材に対応するように言ってほしい。」と言われていた。しかし、社長はIR取材対応が嫌いであり、不快になることは目に見えていた。そこで、取りまとめた内容からは、C社の声は外すことにした。

また、アナリストのD氏からは、「業績予想が強過ぎる。未達の可能性が高いため、早期に下方修正した方が良いのではないか。早めに下方修正した方が、株価も立ち直りやすくなる。」と指摘されていた。しかし、指摘したD氏以外のアナリスト・レポートの内容を把握していなかったため、この声も集計対象から外すこととした。

IR担当者B氏の対応は、どこに問題があるのだろうか？

【解説】

1. 外部の要望や意見は揉み消してはならない

　外部からの要望や意見は、社内のマネジメントコントロールを改善する重要なヒントが隠されている可能性がある。従って、社長の機嫌が悪くなるどうこうではなく、きちんと経営陣に報告すべきである。C社からは社長取材の要望がなされ、D氏からは業績予想が強過ぎるとの指摘がなされていることから、会社として、外部対応をどうするか、検討すべきである。

2. アナリストD氏以外のアナリスト・レポートが出ていないか確認すべき

　四半期決算が締まったら、取材対応したセルサイド・アナリストに連絡し、アナリスト・レポートが出ていないかを確認すべきである。アナリスト・レポートが出ている場合には、市場コンセンサスの数値が変わっていることを意味する。アナリストD氏のレポートの業績予想が市場コンセンサスであると判断するのは早計である。従って、各セルサイド・アナリストからアナリスト・レポートを徴収し、業績予想の平均値を出して、市場コンセンサスがどうなっているかを集計し、経営陣に報告すべきである。

　アナリスト・レポートを徴収した結果、レポートの発行社数が減っていた場合には、アナリスト・カバレッジが減る可能性が増すため、レポートが出ていないアナリストには、次四半期では積極的にIR取材アポイントを取るなどの対応を検討すべきである。

　なお、Bloomberg（ブルームバーグ）や日経QUICKなどの金融端末の契約を結べば、市場コンセンサス予想を把握することは可能であるが、一部証券会社のアナリスト・レポートが反映されていないことがあるため、セルサイド・アナリストから直接、アナリスト・レポートを徴収する方が確実である。

2) アナリスト・レポートに対するクレーム

次に、アナリスト・レポートに関するクレームについて、考えてみたい。

ケース15　アナリスト・レポートに関するクレーム

メーカーA社は、四半期決算が締まった後にアナリストC氏よりアナリスト・レポートを徴収した。メーカーA社は、業績予想を修正しておらず、据え置いていたが、アナリスト・レポートの内容をみると、業績予想値は、メーカーA社が対外公表しているものよりは高い水準だった。しかし、IR担当者B氏が考えている業績予想値よりもかなり低い水準だった。そこで、IR担当者B氏は、アナリストC氏に連絡し、「当社の業績はこんなに低い水準にはならない。内容が間違っている。当方はこのような予想値になるような説明はしていないはずだ。」とクレームを申し入れた。アナリストC氏は、「これは御社の予想値ではなく、私の考える予想値である。御社の取材内容だけで判断してレポートを書いているのではなく、競合他社や市場環境などを踏まえての数値である。」との回答があった。

IR担当者B氏は、「訂正しないのであれば、次四半期から当社への出入りは禁止する。」と、アナリストC氏に通告した。

IR担当者B氏の対応は、どこに問題があるのだろうか？

1. 自社の業績予想値を棚に上げている

アナリストC氏の業績予想値は、メーカーA社の業績予想値よりも高い水準であるにも関わらず、IR担当者B氏は、「低い水準にはならない。内容が間違っている。」と指摘している。指摘するのであればまず、自社の業績予想値を早期に修正公表すべきである。

2. アナリストの業績予想値に口出しする権限はない

　会社として、アナリスト・レポートの内容に事実誤認があれば、早期に指摘し、修正を促すべきである。しかしながら、アナリストの業績予想値に対して口出しする権限は会社側にはない。アナリスト個人の予想であるためである。アナリストはA社のみを取材しているのではなく、競合他社や類似他社も取材して業績予想を作成していることが多い。従って、A社が気づいていない外部情報を有している可能性がある。

3. 出入り禁止の通告は行き過ぎ

　アナリストが事実誤認を吹聴している状況など、明らかな問題が生じているならばともかく、アナリストの業績予想値や投資判断の内容で出入り禁止にするのは、言論統制的な対応で、行き過ぎた対応である。自社にとって都合の悪い予想は許容しないという噂がアナリストや機関投資家に広がる可能性が高くなるため、厳に慎むべきである。

第**8**章

固定ファン獲得のためのIRの取り組みとは

第 1 節　カバーされやすい会社の条件とは

　第8章では、固定ファン獲得のためのIRの取り組みについて取り上げる。理想的なIRは、業績が後退した場合にも、アナリストや投資家が離れずにいることにある。そのためには、IRの取り組みにも工夫が必要である。

　そもそも、IRの取り組みを向上させる第一歩は、セルサイド・アナリストのカバレッジを獲得することにある。大手企業の場合には、初期段階からカバーアナリストが複数社いることが多い。しかし、時価総額2,000億円を下回る中小型株企業の場合には、セルサイド・アナリストのカバレッジがない会社も多くいる。

　セルサイド・アナリストにカバーされやすい会社の条件は、次の8項目である。

図表8-1-1　カバーされやすい会社の条件

　　1）市場シェアが高いこと
　　2）市場規模を把握できていること
　　3）成長ストーリーを語れること
　　4）IR取材のアクセスが容易であること
　　5）決算の増減要因分析ができていること
　　6）必要な数値データを迅速開示できること
　　7）事業構造を説明できること
　　8）歴史的経緯を説明できること

1）市場シェアが高いこと

　まず、主力製品・サービスで市場シェアが高いことである。市場シェアが高いことは、強みの証拠となる。特にニッチな分野で市場シェアが高い会社は、価格交渉力が強く、収益性が高い場合があるため、高評価を得やすい。

しかし、2位以下の会社の場合、この点、不利になる。この場合、特定分野でシェアが首位であることを示すことができると良い。例えば、バルブでシェア首位ではなくても、半導体製造装置向けバルブで首位である、といったケースである。

2）市場規模を把握できていること

次に、主力製品・サービスの市場規模を把握できていることである。業界統計が整備されている業界のプレイヤーの場合には、市場規模は公開情報で把握できる。しかし、ニッチな分野の業界の場合、業界統計がない場合が往々にしてある。このような場合には、自社推計などして市場規模を把握できるようにすると良い。また、それも難しい場合には、類似他社の業界統計を示すなどの方法がある。例えば、金型部品業界そのものの市場規模を把握することが難しい場合には、金型部品の顧客である金型業界の市場規模で代用する、といった方法である。市場規模と市場シェアは表裏一体の関係にあるため、双方とも把握できていることが望ましい。

3）成長ストーリーを語れること

第三に、成長ストーリーを語れることである。業績拡大するためにどんな方向性での成長を考えているのか。アジアへの進出を強化するのか、あるいはアメリカなのか。既存製品なのか、あるいは新製品なのか。既存事業なのか、あるいは新事業なのか。このような成長の方向性をクリアにしておく必要がある。産業構造の転換の方向性に沿った事業成長だったり、規制強化の方向性に沿った事業成長を図れたりする会社は、評価が上がりやすい。例えば、排出ガス規制が強化されればされるほど、製品需要が増えたり、規格が新しいものに変わる際に置き換え需要で事業成長が図れるものだったりするケースである。

4）IR取材のアクセスが容易であること

第四に、IR取材のアクセスが容易であることである。具体的には、東京23区内でIR取材できることである。電話取材も可能だが、できるだけ相対

の方が望ましい。遠隔地の会社の場合には、東京23区内への来訪取材が可能かどうかがポイントになる。また、IR取材の対応期間もポイントである。IR取材の受付期間が極端に短かったり、電話での問い合わせが不可だったりする会社の場合には、IR取材のアクセスが難しい会社とみなされる可能性が高い。たとえ事業成長の見込める会社であっても、カバー対象から外れるリスクが生じる。

5）決算の増減要因分析ができていること

第五に、決算の増減要因分析ができていることである。なぜ増益になったのか、なぜ減益になったのか、四半期単位で説明できるようにすることが必要である。シンプルな話であるが、この増減要因分析がきちんとできていない会社が意外といる。理由としては、上場企業側としては、四半期単位では一喜一憂しておらず、半期以上の期間の業績で事業評価しているためである。しかし、アナリストや機関投資家は、四半期単位で評価するのが原則である。減益要因としては、例えば、前年同期の大口案件の反動減だったり、前年同期に好採算案件が集中した反動だったりする。

上場企業の社内では、その事情を理解しているため、問題視していなかったとしても、外部からは説明を受けなければ分からない。先行きに問題のある減益なのか、それとも前年同期がたまたま高いハードルなだけの一過性なのか。減益のマイナス幅が大きければ大きいほど、アナリストや投資家は不安になる。その不安を払拭するために、丁寧に説明する必要があるのである。

6）必要な数値データを迅速開示できること

第六に、必要な数値データを迅速開示できることである。迅速開示とは、決算発表の段階で情報開示できることである。アナリストや投資家は、決算発表時の決算内容をみて、業績に判断を出す。しかし、決算発表時に必要な数値データがそろっていなければ、総合的に分析することが困難になる。例えば、受注高や受注残高を開示している会社なのに、決算発表日の段階で売上高と利益しか数値がそろっていないとなると、先行きに関する情報がそろっていないため、業績の評価が難しくなる。

一部の会社では、決算説明会の際に開示したり、四半期報告書の開示の際に情報を出したりするところがある。しかし、実績値については、受注高や受注残高も含め、決算発表日の段階で情報開示できるよう、準備することが望まれる。

7) 事業構造を説明できること

　第七に、事業構造を説明できることである。特に端的に説明できるようにすることが必要だが、初回取材の際に上手く説明できる会社は非常に少ない。会社説明のパンフレットや決算説明資料など、資料が飛び飛びに移ってしまい、一つの資料で端的に説明できる会社は非常に少ないのが現状である。

　筆者による提案としては、パワーポイント資料で端的に主要事業の製品・サービスや主な競合、市場シェア、主な顧客、製造業であれば主要生産拠点、市場規模の推移、そして会社の沿革を説明できるようにする方が、ビジュアルとして端的にまとまっていて理解しやすいため、お勧めしたい。

　次ページの図表は参考例だが、架空の会社である。1枚目で1つの事業をまとめて説明し、2枚目で市場規模や市場シェアの推移をまとめるイメージである。この場合、1つの事業をコンパクトに2枚で説明できるため、便利である。市場規模のデータの把握が難しい場合には、2枚目は、売上高と営業利益の推移でまとめる方法もある。例では、1枚目は繊維機械事業の架空の会社、2枚目は建設機械事業の架空の会社で作成している。

図表 8-1-2　ある繊維機械メーカーの事業説明のイメージ例（1枚目の例）

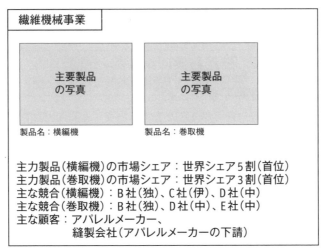

注1）架空の会社
注2）1事業が1枚のスライドに収まるようにまとめる

図表 8-1-3　ある建設機械メーカーの事業説明のイメージ例（2枚目の例）

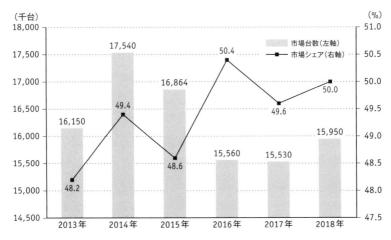

出所：日本建設機械工業会「出荷台数統計」
注1）記載している数値や出所、シェアは架空
注2）市場規模の把握が難しい場合には、売上高と営業利益の推移で代用する

8）歴史的経緯を説明できること

　第八に、歴史的経緯を説明できることである。例えば、主要製品で国内シェア首位だったとして、なぜ、首位になれたのか。自社の強みをきちんと説明できる会社は意外と少ないものである。しかし、歴史的経緯を知っていれば、強みを持つに至った経緯も自然と理解できるものである。

　また、大手主要顧客のうち、1社だけ取引がなかった場合に、なぜ、1社のみ取引がないのか、といったことも、歴史的経緯を踏まえていなければ、説明することは不可能である。

　セルサイド・アナリストは、機関投資家向けにアナリスト・レポートを発行している。発行しているアナリストの数が増えれば、情報伝達のチャネルが増え、投資家の認知度も上がっていくことから、初期段階としては、セルサイド・アナリストのカバーを獲得し、徐々にカバー社数を増やしていく取り組みが必要である。

　カバー社数が少ない場合、1人のアナリストの見解が、株式市場に対して大きく影響を及ぼすことになる。しかし、カバー社数が複数の場合は、アナリストの見解が分かれることから、1人のアナリストの見解の影響力は相対的に小さくなりやすくなる。

図表8-1-4　セルサイド・アナリストの位置付け

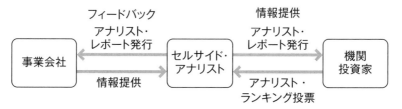

注）セルサイド・アナリストの数が増えれば、機関投資家への情報伝達のチャネルが増える

第2節 施設見学会で固定ファンを増やす

　カバーアナリストを増やす上で有効な手段の一つが、施設見学会である。現場を視察することで事業内容をイメージしやすくし、アナリスト・レポートを発行する可能性が増すためである。

　施設見学会は、セルサイド・アナリストのカバーを増やす上で有効な取り組みだが、機関投資家向け、個人投資家向けにおいても、固定ファンを増やす上で有効な取り組みである。強化するターゲットをどこに設定するかで、参加者は変わってくる。

　セルサイド・アナリスト向けで実施する場合、参加者数が多くなるよう、日程の都合をあらかじめ確認した上で行うのが無難である。特に、決算発表対応で忙しい時期に行うと、参加者数は少なくなる。遠隔地での開催の場合には、週末の時期を選んだ方が参加者数は増えやすい。機関投資家向けも同様である。

　決算発表対応が下火になってくる、3月〜4月上旬、6月〜7月上旬、9月〜10月上旬、12月〜1月上旬あたりの時期の金曜日に設定すると、参加者数は増えやすくなるだろう。東京都23区内での開催の場合には、必ずしも金曜日には縛られない。また、小売などの2月決算が多いセクターの場合、3月下旬、6月下旬、9月下旬、12月下旬から決算発表対応が始まるため、上記よりも時期が早くなる。

第3節　訪問取材を強化する

　カバーアナリストを増やす上で有効な手段のもう一つが、訪問取材である。決算発表後にセルサイド・アナリストを集中的に訪問することで、アナリスト・レポートの発行確率を上げる。東京23区内に本社のない遠隔地の会社ほど、訪問取材の必要性は高くなる。

　しかし、東京支社にIR取材対応ができる窓口を設ければ、この地理的不利は解消される。従って、遠隔地の会社の場合には、まず、東京支社に常駐するIR担当者を設置できるかを検討することが有効策である。

　また、東京支社でのIR担当者の常駐が難しい場合には、東京支社でIR取材の集中対応期間を設けて、その日程にアナリストや機関投資家に来社してもらう方法もある。さらには、スモールミーティング形式で集中対応期間を設ける方法もあるが、この場合、初心者は基本的な取材をすることが不可能であるため、アナリストや機関投資家への取材対応の満足度を上げるためには100％有効な手段とは言い難い。しかし、全く対応しないよりは良い方法である。

第4節 証券会社でスモールミーティングを実施する

　機関投資家の固定ファンを増やす方法としては、前述の施設見学会や訪問取材のほか、証券会社でのスモールミーティングを実施する方法がある。スモールミーティングは通常、証券会社の機関投資家営業の担当部署が主催して行う。このため、機関投資家営業の担当部署にアプローチをかけるか、セルサイドのカバーアナリストに相談して実施するのが良い方法である。証券会社でスモールミーティングを実施する場合、機関投資家営業部門のみが関与するケースと、セルサイドのカバーアナリストが関与するケースとがある。

　また、証券会社によっては、大規模なカンファレンスイベントとして複数社が参加する場合がある。この場合、イベントの中で社長の講演を求められたり、同じ場所で1日に何件ものIR取材対応を求められたりすることがあるため、証券会社側のニーズを事前に確認する必要がある。

　カンファレンスイベントとしては、海外機関投資家向けのものは、日本の1つの会場で海外機関投資家と複数社、集中してIR取材対応ができるため、海外機関投資家向け対応を強化するには重要なイベントである。

第5節 海外ロードショーを実施する

　機関投資家、とりわけ海外の固定ファンを増やす方法としては、カンファレンスイベント以外では、海外ロードショーの実施がある。これは、海外機関投資家を集中的に訪問するものである。難点としては、海外ロードショーの実施期間は、国内のIR対応が手薄になってしまうことである。従って、IR対応人員を二手に分けることができる状態を作った上で実施することが望ましい。

　社長自らが行う場合と、IR担当者のみで行う場合とがある。海外ロードショーでは、決算短信や決算説明資料の英語版を準備する必要がある。また、コミュニケーションを取る語学力に不安がある場合には、通訳を準備する必要がある。通訳は、語学力はあっても、製品・サービスの知識はないため、専門用語に関する日本語と英語の対応表が必要であり、事前に通訳に送る必要がある。

第6節 IR関連の賞を受賞する

　固定ファンを増やすための直接的な効果があるわけではないものの、IRの取り組みの認知度向上という点で間接的に効果があるのが、IR関連の賞を受賞することである。第1章にて、IR関連の表彰制度を紹介したが、このうち、日本IR協議会によるIR優良企業賞と、日本証券アナリスト協会によるディスクロージャー優良企業選定の2つが、主な表彰制度である。

　IR優良企業賞は、日本IR協議会の会員に加入し、自らエントリーしないと受賞できないため、加入していない場合にはまず、日本IR協議会への加入が必要となる。

　表彰の審査自体は日本IR協議会、日本証券アナリスト協会それぞれが行っているが、審査に当たっては、日頃から取材対応しているセルサイド・アナリストや機関投資家が関わっている場合があるため、日頃のIR取材対応には、留意したいところである。

第7節 社内で迅速開示できる体制を整備する

第6節まではIR担当者自身の取り組みが主であるが、IR担当者以外も巻き込んだ社内での重要な改善の取り組みが、社内で迅速開示できる体制を整備することである。例えば、以下のような取り組みが考えられる。

1）地方の会社の場合、東京支社で対応できるようにする

地方の会社の場合、直接の取材を実施する際にアクセスがしにくい。そのため、東京支社にIR担当者を常駐させて対応できる体制を作ることができれば、アクセスのしにくさを補うことができる。

2）経営企画部門にIR担当部署を設ける

IR担当部署がどこにあるかは会社によって異なる。筆者は、経営企画部門にIR担当部署を設けるのがマネジメントコントロール上、望ましいと考える。理由は次の通りである。

図表8-7　経営企画部門にIR担当部署を設けるメリット

（1）経営陣になる人材は、IRの素養が必要であり、
　　経営企画部門の人材に早くから素養を身に付ける機会が必要である
（2）経営企画部門は社内で権限があるため、
　　情報伝達やマネジメントコントロールの仕組みをグリップしやすい
（3）総務部門の場合、権限がないため、経理部門や経営企画部門、
　　事業部門から情報が降りてくるのに時間がかかる
（4）経理部門の場合、数値作成をする分、数字的な説明対応には強いが、
　　決算集計作業など、IR以外にやるべき作業負担が多く、
　　IR取材対応に割ける時間が限られる

3）IR対応で得た情報や要望を経営陣に迅速に フィードバックできるようにする

競合他社や主要顧客の情報は、事業部門よりもアナリストや機関投資家の方が取材活動を通じて知っている場合がある。そのため、IR担当部署から経営陣に迅速にフィードバックする仕組みづくりが重要である。

4）経理、経営企画、事業それぞれの部門の 主要メンバーでIR担当者でない者は、 IR取材に時折、同席する機会を作る

IR担当部署は、社内では特異な部署であるため、他部門と現状認識にずれが生じていることが往々にしてある。そこで、IR担当者がどういった質問内容を受けて日頃から矢面に立っているか、認識を共有する機会を設ければ、他部門との現状認識の差が埋まっていくことが期待される。

5）社長自らIR取材対応する機会を作る

個人によるところではあるが、IR取材対応が得意な社長と、そうでない社長が存在する。しかしながら、IR担当者が補佐すれば、最初は不慣れでも、回数を重ねることで、順次改善していくことが可能である。大株主や主要セルサイド・アナリストの取材対応は、IR担当者が全て取材対応するのではなく、時には社長自らがIR取材対応をすることで、外部からどう見られているかを知る機会を作ると、IRの必要性を再認識する可能性が増すため、重要な取り組みである。また、大株主やセルサイド・アナリストとしては、社長自らの考えを直接、知る機会を図ることができるため、取材する側と取材される側のお互いにとってメリットがある。

最後に、IRの評価体制の構築について言及したい。一言で評価体制と言っても、非常に難しいところである。一義的には、IR取材対応件数の増減や、株価の増減がIR活動の評価軸となるが、株価の増減は、業績の変化によるところも多分にあるため、必ずしもIR担当部署のみの問題とは言い難い。

カバーアナリスト数が少ない会社の場合には、カバー社数の増減は一つの評価軸になるだろう。また、株主数の増減も一つの評価軸と言えそうである。実務上は、IRの課題設定に対して、どう改善できたかを評価するのが適切な方法と筆者は考える。

図表8-8　IRの評価軸の例

(1)　IR取材対応件数
(2)　株価、時価総額
(3)　カバーアナリスト数
(4)　株主数（個人投資家、機関投資家）
(5)　IR表彰の受賞

あとがき

1）IRスキルはマネジメント層に必要な知識である

　本書は、筆者の4作目のビジネス本である。本書をお読み頂いた感想はいかがだろうか。非常に多岐にわたる知識が必要な分野であることがお分かり頂けたことと思う。IRの実務に携わっている方にとっては分かりやすいと思うが、IRの実務に携わっていない方にとっては、難解に感じたことと思う。

　日本の上場企業では、一個人のIR担当者にIRスキルを依存している現状がある。IR担当者一個人のスキルに依存しているため、IR担当者は、社内では孤立していることが多い。理由としては、本書の内容のように、多岐にわたるため、社内の他部門で説明する内容に理解してもらうことに時間を要してしまうためである。また、組織としてのIRのノウハウの蓄積がないため、相談できる相手は、日本IR協議会に加入している会員などの社外であることが少なくない。

　しかし、上場企業は上場している以上、IR対応からは避けることはできない。株主から出資を受けている以上、説明責任（アカウンタビリティ）がある。今やIR担当者のみならず、マネジメント層も機関投資家やセルサイド・アナリストとの対話が求められる時代である。

　筆者は、IRスキルは、マネジメント層にとって必要な知識であると考えている。また、マネジメント層になるに当たって、IR担当経験は避けて通れないポストであってほしいと考えている。従って、本書は、IR担当部門だけでなく、経営企画部門や経理部門、マネジメント層にもお読み頂きたいと考えている。IR担当者にとって、IRの理解は必須であるが、経営企画担当者や経理担当者にとっても、IR担当者とコミュニケーションを図る上で、IRの理解は必要である。IRは、取材対応の矢面に立って初めて問題点を認識することが多い。

2) IRの教育科目としての確立が必要な時代に

筆者は、IRが教育科目として確立することが必要な時代になっていると考えている。理由としては、上場企業にとって、機関投資家やセルサイド・アナリストとの対話が求められている中で、IRを理解する必要性が増しているためである。IRを教育科目として一般化し、マネジメント科目として学ぶ必要性が高まっているのである。

しかしながら、日本の大学教育において、IR分野を教えている大学は少ないのが現状である。本来であれば、日本のビジネススクール（経営大学院）にて、PR・IRとして必須科目の一つに位置付けて頂きたいところだが、日本のビジネススクールでも、取り扱っている大学院は非常に少ない。また、PR分野の実務本は比較的見かけるが、IR分野の実務本は非常に少ないのが現状である。

IR担当者になる方は、IRのノウハウを身に付けるために日夜苦労されていることと思う。筆者の周りでは、過去に休職した方がいる。事業会社の他のポストとは、求められるスキルが異なるためであろうか。IR担当者は、外部の要望と、社内の壁とで板挟みになることが往々にしてあり、社内外の認識の違いの調整が必要なポストである。

本書の出版をきっかけに、日本のビジネススクールでも、PR・IR分野の設置科目が広がっていき、IR関連の実務本が多く世に出ることで、教育科目としてIRが確立していくことを期待したいと考えている。とりわけ日本のビジネススクールでは、コーポレート・ファイナンスは今や必須科目になりつつあるが、その応用分野であるIRについては、そもそも実務目線で教えられる人材が不足しているのが現状であると筆者は考えている。

本書が、IR実務の基礎知識を身に付けたいと願っている人にとって、いささかなりともお役に立つ本になれば、と願う次第である。本書の出版に関してご協力、ご尽力を頂いた、日本能率協会マネジメントセンター出版部の新関氏、岡田氏に深く謝意を表する次第である。

著者

高辻 成彦（たかつじ・なるひこ）

日本ガバナンス・企業価値研究所 所長・経済アナリスト、iU 情報経営イノベーション専門職大学客員教授。上場企業の社外取締役も務める。
日本 IR プランナーズ協会委嘱 IR プランナー講座講師・試験委員、Yahoo! ニュースのエキスパート。
早稲田大学ファイナンス MBA。立命館大学政策科学部卒。広報・IR 担当としては日本 IR 協議会による IR 優良企業特別賞の所属会社初受賞に貢献。
株式アナリストとしては、日経ヴェリタスのアナリストランキング、トムソン・ロイターのアナリスト・アワード・ジャパンの機械部門にランクイン。
J-MONEY によるベストリサーチハウス・ランキングの機械部門の所属会社ランクインに貢献。著書は本著、『企業価値評価の教科書』他計 5 作品。
テレビ出演歴はテレビ東京のワールドビジネスサテライト、BS テレビ東京の日経モーニングプラス FT 等。講演歴は早稲田大学ビジネススクール、青山学院大学大学院、東京理科大学オープンカレッジ、日経メディアマーケティング、日本公認会計士協会、日本 IR プランナーズ協会等多数。

IR戦略の実務

2020 年 3 月 30 日　初版第 1 刷発行
2024 年 3 月 25 日　　　第 2 刷発行

著　者──高辻 成彦
　　　　©2020 Naruhiko Takatsuji

発行者──張 士洛
発行所──日本能率協会マネジメントセンター
〒103-6009　東京都中央区日本橋 2-7-1 東京日本橋タワー
TEL 03（6362）4339（編集）／ 03（6362）4558（販売）
FAX 03（3272）8127（編集・販売）
https://www.jmam.co.jp/

装　　丁──重原隆
本文 DTP──平塚兼右、新井良子、矢口なな（PiDEZA Inc.）
図版作成──新井良子（PiDEZA Inc.）
印 刷 所──シナノ書籍印刷株式会社
製 本 所──株式会社三森製本所

ISBN 978-4-8207-2777-4 C2034
落丁・乱丁はおとりかえします。
PRINTED IN JAPAN